불평등의 정치

JN412481

불평등의 정치

1판 1쇄 찍은날 2024년 12월 20일
펴낸날 2024년 12월 26일

지은이 김은경
펴낸이 원종필
편집 임경희
펴낸곳 건국대학교출판부
등록 / 제 4-3 호(1971. 6. 21)
주소 / 05029, 서울특별시 광진구 능동로 120
전화 / 편집팀_(02) 450-3891~2 영업팀_(02) 450-3893
팩스 / (02)457-7202
홈페이지 / http://press.konkuk.ac.kr
e-mail / press@konkuk.ac.kr
찍은곳 네오프린텍(주)
정가 14,000원

© 김은경, 2024

ISBN 978-89-7107-782-5 03340

* 이 책의 전부 또는 일부를 재사용하려면
저자와 건국대학교출판부 양쪽의 동의를 받아야 합니다.

*** 본 책자는 교육부의 「대학혁신지원사업」 사업비로 제작되었습니다.**

INEQUALITY

김은경 지음

불평등의 정치

POLITICS

건국대학교출판부

머리말

불평등은 현대사회가 직면한 가장 시급한 과제 중 하나이다. 경제 성장에도 불구하고 심화되는 불평등은 사회 통합을 저해할 뿐만 아니라 민주주의의 근간을 위협하는 중대한 도전이 되고 있다. 이 책은 이러한 불평등 문제를 정치학의 관점에서 새롭게 조명하고자 한다.

우리는 흔히 불평등을 경제적 현상으로만 인식하곤 한다. 그러나 불평등은 단순한 경제 지표의 문제가 아니다. 그것은 정치적 과정과 제도, 그리고 권력 관계의 산물이다. 이 책은 이러한 인식을 바탕으로 경제적 불평등이 어떻게 정치에 영향을 미치는지, 그리고 역으로 정치가 어떻게 불평등을 심화시키는지를 탐구한다.

이 책은 대학의 교양 교과목 교재로 기획되었다. 그러나 단순히 지식을 전달하는 것이 아니라 학생들이 불평등이라는 복잡한 사회 현상을 정치학적 관점에서 비판적으로 사고하고, 함께 토론하며, 스스로 탐구할 수 있는 기회를 제공하고자 한다.

책의 구성은 불평등의 본질을 다루는 1장을 시작으로, 2장에서 불평등의 지표와 한국의 현황을 살펴본다. 3장은 인구, 교육, 지역의 측면에서 구조적 불평등을 분석하고, 특히 4장부터 6장은 한국 사회의 정치적 불평등에 대한 경험적 분석에 초점을 맞춘다. 정치적 대표성의 결핍, 정치 참여의 불균형, 입법 과정에서의 불평등 등을 다루며, 불평등이 정치적 과정을 통해 어떻게 재생산되고 심화되는지를 깊이 있게 살펴본다. 7장에서는 기존 논의에서 다루지 않았던 '시간의 불평등'이라는 새로운 차원을 조명하며, 마지막 8장에서는 불평등 해소를 위한 정치적 과제를 제시한다.

불평등 문제에는 간단한 해답이 없다. 이 책의 목표는 정답을 제시하는 것이 아니라, 학생들이 다양한 관점에서 불평등을 바라보고, 현실 문제에 대해 스스로 질문을 던질 수 있는 능력을 키우는 데 있다.

이 책이 학생들의 불평등에 대한 이해를 깊게 하고, 각자의 시각에서 불평등을 재해석하며 탐구해 나가는 데 중요한 길잡이가 되기를 바란다. 더 나아가 이 책을 통해 우리 사회의 불평등 문제에 대한 활발한 토론과 고민이 이어지기를 희망한다. 불평등 해소를 위한 여정에 학생들 모두가 동참하게 되기를 기대한다.

2024년 12월

김은경

차 례

3장 불평등의 구조적 차원: 인구, 교육, 지역적 측면

4장 불평등과 정치적 대표성

5장 불평등과 정치참여

6장 불평등과 정치적 결정

7장 불평등의 새로운 차원: 시간 불평등

8장 지속 가능한 민주주의를 위한 불평등 해소

1장

불평등의 본질

1장

불평등의 본질

| 1 | 불평등이란 무엇인가?

불평등은 인류 역사에서 오랫동안 존재해온 복합적인 사회 현상이다. 불평등은 단순히 소득과 자산의 차이를 의미하는 것이 아니라, 경제적·정치적·사회적 차원에서 개인과 집단 간 자원 배분의 불균등함을 포괄하는 개념이다. 현대사회에서 불평등은 주로 경제적 불평등을 중심으로 논의되지만, 그 본질은 경제적 영역을 넘어 교육, 건강, 정치적 참여 등 다양한 차원에서 드러난다. 이러한 불평등은 사회의 안정성뿐만 아니라 개인의 삶의 기회에도 심각한 영향을 미친다.

한국 사회에서 불평등은 1997년 외환위기 이후 더욱 심화되었다. 특히 소득과 자산의 양극화는 불평등 문제를 더 이상 개인 간의 문제로만 볼 수 없게 만들었다. 비정규직의 급증, 부동산 가격 상승, 교육 기회 격차 등은 불평등을 심화시키는 주요 요인으로 작용했다. 이러한 문제는 경제적 불평등을 넘어서, 정치적 대표성과 참여의 불균형, 세대 간 사회적 이동성의 제한으로 이어졌다.

경제적 불평등은 소득 불평등과 자산 불평등을 중심으로 나타나며, 이는 물질적 자원의 불균등한 분배로 설명된다. 소득 불평등은 개인이 일자리와 임금을 통해 얻는 소득에서 나타나는 격차이며, 자산 불평등은 주로 부동산과 같은 자산의 소유 여부에서 발생한다. 이러한 경제적 불평등은 사회 전반에 걸쳐 자원의 배분을 왜곡시키고, 개인의 경제적 기회와 사회적 이동성을 제한하는 구조적 요인으로 작용한다.

특히 한국 사회에서의 자산 불평등은 부동산 가격의 급등과 주택 소유 여부에 따른 차이에서 두드러진다. 자산을 소유한 계층은 더 많은 부를 축적할 수 있는 기회를 얻는 반면, 자산을 소유하지 못한 계층은 경제적 기회를 점점 더 상실하게 된다. 이는 세대 간 경제적 불평등의 고착화로 이어지며, 결과적으로 사회 전반의 불평등 구조를 심화시킨다.

이러한 불평등은 정치적 참여에도 영향을 미친다. 경제적 자원이 풍부한 계층은 정치과정에서 더 많은 영향력을 행사할 수 있으며, 이는 정치적 불평등으로 이어진다. 반면, 경제적 자원이 부족한 계층은 정치적 대표성을 충분히 확보하지 못하고, 그들의 요구가 정책에 반영되기 어려워진다. 정치적 불평등은 경제적 불평등과 상호작용하여, 사회 전체의 통합을 저해하는 요인으로 작용한다.

결국 불평등은 사회 전반에 걸쳐 경제적 · 정치적 · 사회적 문제를 복합적으로 초래하는 중요한 사회적 현상이다. 불평등의 본질을 이해하기 위해서는 단순한 소득 격차를 넘어서, 사회 구조와 정치과정에서 발생하는 다양한 차원의 불평등을 포괄적으로 분석해야 한다.

| 2 | 왜 불평등이 문제인가?

불평등은 단순히 자원의 분배 불균형을 의미하는 것이 아니라, 사회 전반에 걸친 다양한 문제를 초래하는 중요한 현상이다. 불평등이 존재하는 사회는 경제적 · 사회적 · 정치적 문제를 야기하며, 이는 개인의 삶의 질을 떨어뜨리고 사회적 통합을 약화시키는 결과를 초래한다. 불평등이 심화될수록 그 영향은 더욱 확대되며, 이는 궁극적으로 사회의 안정과 발전을 저해할 수 있다. 불평등이 왜 문제가 되는지에 대해 이해하기 위해서는 경제적 · 사회적 · 정치적 측면에서의 영향을 종합적으로 분석할 필요가 있다.

우선, 경제적 측면에서 불평등은 경제 성장을 저해하는 중요한 요인으로 작용한다. 경제학자들은 오랜 기간 동안 불평등이 경제 성장에 미치는 영향을 분석해왔다. 전통적으로는 불평등이 어느 정도 경제 성장에 긍정적 영향을 미칠 수 있다는 견해도 존재했다. 이는 부유한 계층이 자본을 축적하고, 이를 통해 투자와 경제 활동을 촉진한다는 논리였다. 그러나 최근의 연구들은 지나친 불평등이 오히려 경제 성장을 저해할 수 있다는 점을 강조하고 있다. 불평등이 심화되면 중하위 계층의 소비 여력이 감소하게 되며, 이는 내수 시장을 위축시키는 결과를 초래한다. 내수 시장이 위축되면 기업들은 투자를 줄이고, 이는 다시 경제 성장을 둔화시키는 악순환으로 이어진다. 또한, 불평등이 심화되면 경제적 기회가 특정 계층에 집중되며, 사회 전반에 걸쳐 경제적 활력이 떨어지게 된다. 이러한 경제적 불평등은 장기적으로 경제 성장의 한계를 만들어낸다.

불평등은 또한 사회적 이동성을 제한하는 주요 요인으로 작용한다. 사회적 이동성은 개인이 자신의 출신 계층에 구애받지 않고 더 나은 경제적 · 사회적 위치로 올라갈 수 있는 기회를 의미한다. 이상적으로는 개인의 노력과 능력에 따라 사회적 지위를 획득할 수 있어야 하지만, 현실에서는 불평등이 사회적 이동성을 가로막는 주요 장애물로 작용한다. 불평등한 사회에서는 상류층이 더 많은 자원과 기회를 독점하게 되고, 이는 교육, 취업, 주거 등 다양한 영역에서 불평등을 재생산한다. 하위 계층의 경우, 자신의 경제적 상황을 개선할 수 있는 기회가 극히 제한적이기 때문에 불평등 구조가 고착화되기 쉽다. 교육 기회에서의 불평등은 특히 사회적 이동성을 제한하는 핵심 요인이다. 상위 계층은 더 나은 교육을 받을 수 있는 자원을 보유하고 있으며, 이는 취업과 소득에서의 격차로 이어진다. 이처럼 불평등한 사회는 개인의 능력과 성취보다는 출신 배경에 따라 사회적 지위가 결정되는 구조로 변질되며, 이는 사회적 정의와 형평성을 훼손하는 중요한 문제로 작용한다.

정치적 측면에서도 불평등은 심각한 문제를 야기한다. 민주주의 사회에서 모든 시민은 동등한 정치적 권리를 가지고 있으며, 정치적 참여를 통해 자신들의 목소리를 낼 수 있어야 한다. 그러나 경제적 불평등이 심화되면, 정치적 불평등 또한 발생하게 된다. 부유한 계층은 정치적 권력을 강화하고 자신들의 이익을 보호하기 위해 정치적 자원을 활용할 수 있다. 이는 정치적 영향력이 특정 계층에 집중되게 만들며, 그 결과 정책 결정 과정에서 부유한 계층의 이익이 과도하게 반영된다. 이러한 상황에서는 정치적 대표성이 왜곡되고, 하위 계층의 목소리가 정치적 의사결정 과정에서 배제될 위험이 크다. 예를 들어, 선거 자금의 비대칭적인 분포는 후보자들이 특정 계층에 의존하게 만들며, 이로 인해 정책이 공공의 이익보다는 특정 소수 계층의 이익을 대변하는 방향으로 흘러갈 수 있다. 이와 같은 정치적 불평등은 민주주의의 근본 원칙인 정치적 평등과 대표성을 훼손하며, 시민들의 정치적 불만을 증대시킬 수 있다.

불평등은 또한 사회적 통합을 저해하는 중요한 요인이다. 경제적 불평등이 심화될수록, 상위 계층과 하위 계층 간의 격차는 커지고, 이는 사회적 갈등을 증폭시키는 결과를 낳는다. 상위 계층은 자신들의 경제적 우위를 유지하려는 경향이 있으며, 하위 계층은 상대적 박탈감과 불만을 느끼게 된다. 이러한 사회적 갈등은 점차 심화되어 폭력적인 방식으로 나타날 가능성도 존재한다. 불평등이 극심한 사회에서는 하위 계층이 자신의 경제적 상황을 개선할 기회를 거의 갖지 못하기 때문에, 불만이 누적되면서 사회적 불안정이 증가한다. 또한, 불평등은 사회적 신뢰를 저해하는 요인으로도 작용한다. 불평등한 사회에서는 개인들 간의 상호 신뢰가 약화되며, 이는 사회적 협력과 연대의 기반을 약화시키는 결과를 낳는다. 불평등이 심화된 사회는 서로 다른 계층 간에 갈등과 분열이 커지며, 이는 사회적 통합을 저해하는 중요한 문제로 작용한다.

건강과 관련된 불평등 또한 중요한 문제로 제기된다. 경제적 불평등이 심화되면 건강 격차 역시 심화되며, 이는 사회 전체의 생산성을 저해하는 요인으로 작용할 수 있다. 상위 계층은 더 나은 의료 서비스에 접근할 수 있는 반면, 하위 계층은 의료 서비스의 질이나 접근성에서 불이익을 받게 된다. 이로 인해 건강 격차는 더욱 벌어지며, 이러한 건강 불평등은 노동 생산성의 차이를 초래하기도 한다. 경제적 불평등이 심화된 사회에서는 하위 계층이 더 많은 건강 문제에 시달리게 되며, 이는 궁극적으로 국가 경제 전반에 부정적인 영향을 미칠 수 있다.

불평등은 사회의 신뢰와 정의감을 약화시키는 요인이기도 하다. 불평등이 심화된 사회에서는 공정성과 정의에 대한 시민들의 신뢰가 흔들리며, 이는 사회적 결속력을 약화시킨다. 불평등이 만연한 사회에서는 특정 계층이 과도한 특권을 누리며, 이러한 특권은 공공의 이익보다는 사적 이익을 우선시하는 경향을 강화시킨다. 이는 사회적 정의에 대한 시민들의 인식을 왜곡시키며, 사회적 불만을 증폭시키는 요인으로 작용한다. 불평등이 심화된 사회는 사회적 규범이 약화되고, 법적 · 제도적 공정성에 대한 신뢰가 감소하며, 이는 장기적으로 사회의 안정을 저해할 수 있다.

이처럼 불평등은 단순히 경제적 차원의 문제가 아니라, 정치적 · 사회적 · 건강적 · 심리적 차원에서도 다양한 문제를 야기하는 복합적인 현상이다. 불평등이 심화되면 사회 전반에 걸쳐 부정적인 영향을 미치며, 이는 사회적 갈등을 증폭시키고 민주주의의 근간을 위협하는 중요한 문제로 작용한다. 따라서 불평등 문제를 해결하기 위해서는 다각적이고 포괄적인 접근이 필요하다. 경제적 재분배뿐만 아니라, 정치적 평등 보장, 교육 기회의 확대, 사회적 신뢰 회복 등을 통해 불평등을 완화하고, 더 나은 사회적 통합과 발전을 도모해야 할 것이다.

2장

불평등의 측정과 진단

2장

불평등의 측정과 진단

| 1 | 불평등의 지표들

현대 사회에서 불평등 문제는 단순한 윤리적 고민을 넘어 정치적 · 경제적 · 사회적 안정성에 직접적인 영향을 미치는 핵심 이슈로 부상했다. 불평등의 다차원적 특성을 고려할 때, 이를 정확히 측정하고 분석하는 것은 정책 입안자들과 연구자들에게 중요한 과제다. 본 장에서는 불평등을 측정하는 주요 지표들을 상세히 살펴보고, 이들이 어떻게 현실 정책에 반영되는지, 그리고 최근의 연구 동향은 어떠한지 논의한다.

1) 소득 불평등 지표

소득 불평등은 현대 사회에서 가장 주목받는 불평등 형태 중 하나로, 다양한 지표를 통해 측정되고 분석된다. 주요 소득 불평등 지표로는 지니 계수, 소득 5분위 배율, 팔마 비율, 앳킨슨 지수, 그리고 로렌츠 곡선 등이 있다. 각 지표는 고유한 특성과 장단점을 가지고 있어 이들을 종합적으로 고려하는 것이 불평등의 실태를 정확히 파악하는 데 중요하다.

(1) 지니 계수(Gini Coefficient)

지니 계수는 0에서 1 사이의 값을 가지며, 0에 가까울수록 완전한 평등, 1에 가까울수록 극단적인 불평등을 나타낸다. 이 지표는 전체적인 소득 분포의 불평등 정도를 단일 숫자로 표현할 수 있다는 장점이 있다. 그러나 지니 계수는 중간 소득 계층의 변화에 상대적으로 둔감하며, 서로 다른 소득 분포가 같은 지니 계수 값을 가질 수 있다는 한계가 있다.

예를 들어, 2020년 기준 OECD 국가들의 평균 지니 계수는 약 0.315였다. 한국의 경우 2021년 기준 처분가능소득 기준 지니 계수가 0.306으로, OECD 평균보다 약간 낮은 수준을 보였다. 그러나 이러한 수치만으로는 불평등의 구체적인 양상을 파악하기 어렵다는 점에 유의해야 한다.

(2) 소득 5분위 배율(Income Quintile Share Ratio)

소득 5분위 배율은 상위 20% 소득 계층의 평균 소득을 하위 20% 소득 계층의 평균 소득으로 나눈 값이다. 이 지표는 상위 계층과 하위 계층 간의 소득 격차를 직관적으로 보여준다는 장점이 있다. 그러나 중간 소득 계층의 변화를 포착하지 못하며, 극단값에 민감하다는 단점이 있다.

한국의 경우, 2021년 기준 처분가능소득 기준 소득 5분위 배율은 5.59배로 나타났다. 이는 상위 20% 가구의 평균 소득이 하위 20% 가구의 평균 소득의 5.59배라는 의미다. 이 수치의 변화 추이를 살펴보면 한국 사회의 소득 불평등 변화를 개략적으로 파악할 수 있다.

(3) 팔마 비율(Palma Ratio)

팔마 비율은 상위 10% 소득 계층의 소득 점유율을 하위 40% 소득 계층의 소득 점유율로 나눈 값이다. 이 지표는 중간 소득 계층(40~50% 백분위)의 소득 점유율이 상대적으로 안정적이라는 관찰에 기초하여 개발되었다. 팔마 비율은 소득 분포의 양극단을 비교한다는 점에서 정책적으로 유용한 정보를 제공한다.

예를 들어, 2020년 기준 OECD 국가들의 평균 팔마 비율은 약 1.11이었다. 이는 상위 10%의 소득이 하위 40%의 소득의 1.11배라는 의미다. 한국의 경우 2021년 기준 팔마 비율이 1.39로, OECD 평균보다 높은 수준을 보였다.

(4) 앳킨슨 지수(Atkinson Index)

앳킨슨 지수는 사회의 불평등 회피 성향을 반영할 수 있는 지표다. 이 지수는 0에서 1 사이의 값을 가지며, 1에 가까울수록 높은 불평등을 나타낸다. 앳킨슨 지수의 특징은 불평등 회피 계수(ε)를 통해 사회의 불평등에 대한 민감도를 조절할 수 있다는 점이다.

예를 들어, ε=0.5일 때와 ε=1.0일 때의 앳킨슨 지수를 비교함으로써, 불평등에 대한 사회적 태도의 변화가 불평등 인식에 미치는 영향을 분석할 수 있다. 이는 불평등에 대한 정책적 대응이 단순히 객관적 수치뿐만 아니라 사회적 인식과 가치판단에 따라 달라질 수 있음을 보여준다.

(5) 로렌츠 곡선(Lorenz Curve)

로렌츠 곡선은 소득 불평등을 시각적으로 표현하는 그래프로 인구의 누적 비율과 소득의 누적 점유율 간의 관계를 나타낸다. 완전 평등 상태에서는 45도 직선이 되며, 불평등이 심할수록 곡선이 이 직선에서 멀어진다.

로렌츠 곡선과 완전 평등선 사이의 면적을 완전 평등선 아래 삼각형 면적으로 나눈 값이 지니 계수가 된다.

로렌츠 곡선의 장점은 소득 분포의 전체적인 모습을 한눈에 파악할 수 있게 해준다는 것이다. 또한 서로 다른 소득 분포를 시각적으로 비교할 수 있어, 수치상으로는 유사한 불평등 정도를 보이는 경우에도 그 구체적인 양상의 차이를 확인할 수 있다. 예를 들어, 동일한 지니 계수 값을 가지더라도 로렌츠 곡선의 형태가 다를 수 있으며, 이는 불평등의 성격이 다르다는 것을 의미한다.

그러나 로렌츠 곡선도 한계가 있다. 복잡한 소득 분포를 단순화하여 표현하기 때문에 세부적인 정보가 손실될 수 있으며, 여러 국가나 시점의 곡선을 비교할 때 시각적 판단에 의존해야 하는 어려움이 있다. 또한 로렌츠 곡선만으로는 불평등의 절대적 수준을 판단하기 어렵다는 점도 고려해야 한다.

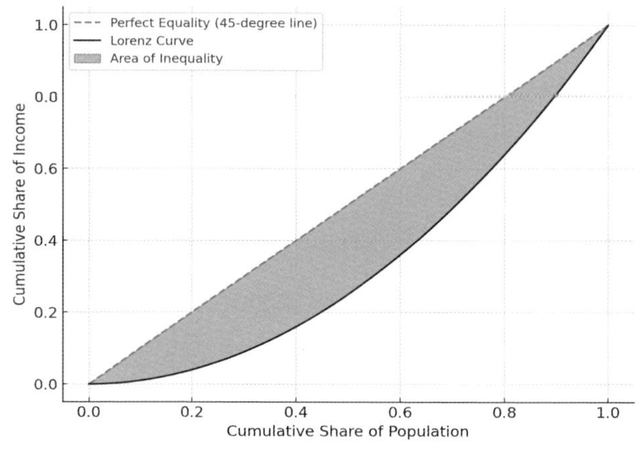

그림 2-1. 로렌츠 곡선

*주: 점선은 완전한 평등을 나타내며, 파란색 곡선은 실제 소득 분포에 따른 로렌츠 곡선을 나타낸다. 곡선과 45도 직선 사이의 면적이 클수록 불평등이 심한 상태를 나타낸다.

이러한 다양한 소득 불평등 지표들은 각각의 장단점을 가지고 있어, 어느 하나만으로 불평등의 전모를 파악하기는 어렵다. 따라서 여러 지표를 종합적으로 고려하고 각 지표의 특성을 이해한 상태에서 해석하는 것이 중요하다. 또한 이러한 지표들이 포착하지 못하는 불평등의 질적 측면, 예를 들어 소득의 안정성, 직업의 질, 사회적 이동성 등도 함께 고려해야 한다.

소득 불평등의 정확한 측정과 해석은 단순히 학술적 관심사에 그치지 않는다. 이는 불평등 완화를 위한 정책 수립의 기초가 되며, 나아가 사회적 갈등을 예방하고 사회 통합을 촉진하는 데 필수적인 과정이다. 따라서 이러한 다양한 지표들의 의미와 한계를 정확히 이해하고, 이를 바탕으로 우리 사회의 불평등 실태를 면밀히 진단하는 노력이 지속되어야 할 것이다.

2) 자산 불평등 지표

소득 불평등과 더불어 자산 불평등에 대한 관심도 높아지고 있다. 자산 불평등은 일반적으로 소득 불평등보다 더 심각한 수준을 보이며, 세대 간 불평등 전이의 주요 경로로 지목된다. 주요 자산 불평등 지표로는 자산 집중도, 자산 지니 계수, 주택 소유율 등이 있다.

(1) 자산 집중도(Wealth Concentration)

자산 집중도는 전체 자산 중 상위 일정 비율(예: 1%, 10%)이 차지하는 비중을 나타낸다. 이 지표는 자산 불평등의 극단적인 양상을 포착하는 데 유용하다. 예를 들어 2021년 『세계불평등보고서(*World Inequality Report*)』에 따르면, 전 세계적으로 상위 10%가 전체 자산의 76%를, 상위 1%가 38%를 차지하는 것으로 나타났다.

한국의 경우 2022년 기준 상위 10%의 자산 집중도는 50.5%로 나타났다. 이는 한국 사회의 자산 불평등이 상당히 심각한 수준임을 보여준다. 그러나 자산 집중도 지표는 상위 계층 내부의 불평등은 보여주지 못한다는 한계가 있다.

(2) 자산 지니 계수(Wealth Gini Coefficient)

자산 지니 계수는 소득 지니 계수와 유사한 방식으로 계산되며, 전체적인 자산 분포의 불평등 정도를 나타낸다. 일반적으로 자산 지니 계수는 소득 지니 계수보다 높은 값을 보인다. 2021년 기준 한국의 자산 지니 계수는 0.667로, 같은 해 소득 지니 계수(0.306)의 두 배 이상이었다.

자산 지니 계수는 자산 불평등의 전체적인 추세를 파악하는 데 유용하지만, 자산의 종류(금융자산, 부동산 등)에 따른 불평등의 차이를 보여주지 못한다는 한계가 있다.

(3) 주택 소유율(Homeownership Rate)

주택 소유율은 전체 가구 중 자가 주택을 보유한 가구의 비율을 나타낸다. 이 지표는 특히 부동산이 전체 자산에서 차지하는 비중이 큰 한국과 같은 국가에서 중요한 의미를 갖는다. 2021년 기준 한국의 주택 소유율은 58.2%로 나타났다.

주택 소유율은 자산 불평등의 한 측면을 보여주지만, 주택 가격의 차이나 다주택 소유 여부 등은 반영하지 못한다는 한계가 있다. 따라서 이 지표는 주택 가격 분포, 주거 질 등의 지표와 함께 종합적으로 고려되어야 한다.

3) 교육 불평등 지표

교육은 사회경제적 지위 이동의 주요 통로로 여겨지며, 교육 불평등은 미래의 소득 및 자산 불평등으로 이어질 수 있다. 주요 교육 불평등 지표로는 교육지니계수, 학업성취도 격차, 교육 기회 불평등 지수 등이 있다.

(1) 교육지니계수(Education Gini Coefficient)

교육지니계수는 인구 집단 내 교육 연수의 분포 불평등을 나타낸다. 이 지표는 0에서 1 사이의 값을 가지며, 1에 가까울수록 교육 연수의 불평등이 심각함을 의미한다. 2020년 기준 한국의 교육지니계수는 0.189로, OECD 국가 중 낮은 편에 속했다.

그러나 이 지표는 교육의 질적 차이를 반영하지 못하며, 고등교육 진학률이 높은 국가에서는 그 유용성이 제한적일 수 있다는 한계가 있다.

(2) 학업성취도 격차(Achievement Gap)

학업성취도 격차는 주로 국제 학업성취도 평가(예: PISA, TIMSS)의 결과를 바탕으로 측정된다. PISA 점수의 상위 10%와 하위 10% 간 격차, 또는 사회경제적 지위에 따른 점수 차이 등을 통해 교육 불평등을 측정할 수 있다.

2018년 PISA 결과를 보면, 한국의 경우 읽기 영역에서 사회경제적 지위에 따른 점수 격차가 OECD 평균보다 낮았다. 그러나 이러한 국제 비교 지표는 각국의 교육 제도와 문화적 맥락의 차이를 충분히 반영하지 못한다는 비판을 받기도 한다.

(3) 교육 기회 불평등 지수(Educational Opportunity Inequality Index)

이 지표는 가정 배경(부모의 교육 수준, 소득 등)이 학생의 교육 성과에 미치는 영향을 측정한다. 주로 회귀분석을 통해 산출되며, 가정 배경 변수의 회귀계수가 클수록 교육 기회의 불평등이 크다고 해석한다.

OECD의 PISA 분석에 따르면, 2018년 기준 한국에서 학생의 사회경제적 배경이 읽기 성적 변동의 8%를 설명하는 것으로 나타났다. 이는 OECD 평균(12%)보다 낮은 수준이지만, 여전히 가정 배경이 교육 성과에 상당한 영향을 미치고 있음을 보여준다.

4) 건강 불평등 지표

건강 불평등은 사회경제적 지위에 따른 건강 상태와 의료 서비스 접근성의 차이를 의미한다. 주요 건강 불평등 지표로는 기대수명 격차, 건강 불평등 지수, 의료 서비스 이용 불평등 지수 등이 있다.

(1) **기대수명 격차**(Life Expectancy Gap)

기대수명 격차는 사회경제적 지위(예: 소득 수준, 교육 수준)에 따른 기대수명의 차이를 나타낸다. 한국의 경우 2019년 기준으로 30세 기준 기대수명이 상위 20% 소득계층은 53.4년, 하위 20% 소득계층은 47.6년으로, 5.8년의 격차가 있는 것으로 나타났다. 이러한 격차는 소득 불평등이 건강 불평등으로 이어지는 현상을 단적으로 보여준다.

(2) **건강 불평등 지수**(Health Inequality Index)

건강 불평등 지수는 다양한 건강 지표(예: 만성질환 유병률, 주관적 건강상태)의 사회경제적 집단 간 차이를 종합적으로 나타낸다. 이 지수는 0에서 1 사이의 값을 가지며, 1에 가까울수록 건강 불평등이 심각함을 의미한다.

한국건강형평성학회의 연구에 따르면, 2018년 기준 한국의 건강 불평등 지수는 0.145로 나타났다. 이는 OECD 국가들 중 중간 수준에 해당하지만, 지속적인 모니터링과 개선이 필요함을 시사한다.

(3) 의료 서비스 이용 불평등 지수(Healthcare Utilization Inequality Index)

이 지표는 소득, 교육 수준, 지역 등에 따른 의료 서비스 이용의 차이를 나타낸다. 주로 의료 서비스 이용 횟수, 의료비 지출 등을 기준으로 산출된다.

한국의 경우, 국민건강보험 제도로 인해 의료 서비스 접근성의 절대적 격차는 크지 않은 편이다. 그러나 2021년 한국보건사회연구원의 연구에 따르면, 소득 상위 20%와 하위 20% 간 1인당 연간 의료비 지출 격차가 약 1.8배에 달하는 것으로 나타났다. 이는 의료 서비스의 질적 측면에서 여전히 불평등이 존재함을 보여준다.

5) 다차원적 불평등 지표

최근 불평등 연구에서는 소득, 자산, 교육, 건강 등 여러 차원의 불평등을 종합적으로 고려하는 다차원적 접근이 강조되고 있다. 이는 불평등의 복합적 성격을 더 잘 포착할 수 있다는 장점이 있다.

(1) 다차원 불평등 지수(Multidimensional Inequality Index, MII)

MII는 여러 차원의 불평등을 하나의 지수로 통합한 것이다. 각 차원(예: 소득, 교육, 건강)의 불평등 지표를 표준화하고 가중 평균하여 산출한다.

국제연합개발계획(UNDP)에서 발표하는 불평등조정인간개발지수(IHDI)는 소득, 교육, 건강 세 가지 차원의 불평등을 고려한 지수다. 2020년 기준 한국의 IHDI는 0.815로, 인간개발지수(HDI, 0.916)에 비해 11% 낮은 수준이었다. 이는 한국 사회의 발전 수준이 불평등으로 인해 일정 부분 상쇄되고 있음을 의미한다.

(2) 기회 불평등 지수(Inequality of Opportunity Index)

이 지표는 개인의 노력과 무관한 요인(예: 부모의 사회경제적 지위, 성별, 출생 지역)이 삶의 기회에 미치는 영향을 측정한다. 주로 소득, 교육 성취, 직업 지위 등의 결과 변수에 대한 환경 변수의 설명력을 통해 산출된다.

세계은행의 인간자본지수(Human Capital Index, HCI)는 이러한 접근의 한 예다. 2020년 기준 한국의 HCI는 0.80으로, 이는 한국에서 태어난 아이가 완전한 교육과 건강을 누릴 경우에 비해 80%의 생산성을 발휘할 수 있음을 의미한다. 이 지수는 국가 간 비교를 통해 각국의 인적 자본 개발과 기회 평등 수준을 가늠하는 데 활용된다.

6) 새로운 측정 방법과 기술의 활용

빅데이터와 인공지능 기술의 발전은 불평등 측정에 새로운 가능성을 제시하고 있다. 이러한 새로운 접근법들은 기존 방식으로는 포착하기 어려웠던 불평등의 역동적 측면을 분석할 수 있게 해준다.

(1) 소셜 미디어 데이터 분석

소셜 미디어 게시물의 텍스트, 이미지 분석을 통해 지역별 · 계층별 생활 수준의 차이를 실시간으로 추정할 수 있다. 예를 들어 트위터 게시글의 감성 분석을 통해 지역별 삶의 만족도 차이를 측정하거나, 인스타그램 이미지 분석을 통해 소비 패턴의 불평등을 추정할 수 있다.

이러한 방식은 기존의 설문조사 방식에 비해 시의성이 높고 대규모 데이터를 활용할 수 있다는 장점이 있다. 그러나 소셜 미디어 사용자의 대표성 문제, 프라이버시 침해 우려 등의 한계도 존재한다.

(2) 위성 이미지 분석

야간 조명 밝기, 건물 밀도, 녹지 면적 등 위성 이미지에서 추출할 수 있는 정보를 활용하여 지역 간 경제 발전 수준이나 생활 환경의 격차를 측정할 수 있다. 이 방법은 특히 공식 통계가 부족한 개발도상국의 불평등 실태를 파악하는 데 유용하게 활용된다.

세계은행의 연구에서는 위성 이미지 분석을 통해 아프리카 국가들의 지역 간 빈곤 격차를 추정한 바 있다. 이 연구에서는 야간 조명 밝기와 실제 소득 수준 간의 높은 상관관계를 바탕으로, 공식 통계로는 파악하기 어려운 소지역 단위의 경제 격차를 분석했다.

(3) 모바일 데이터 활용

스마트폰 사용 패턴, 위치 정보, 앱 사용 내역 등을 분석하여 소비 행태, 이동 패턴, 시간 사용 등의 측면에서 나타나는 불평등을 측정할 수 있다. 이는 개인 수준의 미시적 데이터를 통해 불평등의 일상적 양상을 포착할 수 있다는 점에서 의미가 있다.

코로나19 팬데믹 시기에 구글의 이동성 보고서(Google Mobility Report)를 활용한 연구들은 사회적 거리두기가 소득계층별로 어떻게 다르게 실천되었는지를 분석했다. 이를 통해 팬데믹이 기존의 불평등을 어떻게 심화시켰는지를 실증적으로 보여줄 수 있었다.

7) 정책적 함의

불평등 측정 방법의 발전은 우리 사회의 불평등 실태에 대한 이해를 크게 증진시켰다. 그러나 이러한 진전에도 불구하고, 여전히 해결해야 할 과제가 산적해 있다. 특히 4차 산업혁명으로 대변되는 급격한 기술 변화와 이로 인한 노동 시장의 구조적 변동은 새로운 형태의 불평등을 야기하고 있으며, 이를 정확히 포착할 수 있는 혁신적인 지표의 개발이 시급한 실정이다.

불평등 측정의 고도화는 단순히 학술적 관심사에 그치지 않는다. 이는 실효성 있는 정책 수립의 기반이 되며, 나아가 사회적 합의 도출을 위한 객관적 근거로 작용한다. 따라서 불평등 지표와 정책 결정 과정 간의 유기적 연계를 강화하는 것이 중요하다. 동시에 이 과정에서 발생할 수 있는 정치적 왜곡을 방지하기 위한 제도적 장치의 마련도 간과해서는 안 될 것이다.

현대 사회의 불평등은 단일 차원으로 설명하기 어려운 복합적 현상이다. 따라서 소득, 자산, 교육, 건강 등 다양한 차원을 아우르는 종합적 접근이 필요하다. 이러한 다차원적 접근은 불평등의 다면적 성격을 더욱 정확히 포착할 수 있게 해주며, 정책의 우선순위를 설정하는 데 있어서도 유용한 지침을 제공할 수 있다.

또한 불평등의 동태적 측면에 주목할 필요가 있다. 불평등의 세대 간 전이나 생애주기에 따른 변화 등은 횡단면적 분석만으로는 파악하기 어렵다. 이를 위해서는 장기적인 종단 데이터의 구축과 활용이 필수적이다. 이러한 동태적 분석은 불평등의 고착화 메커니즘을 이해하고 이에 대한 효과적인 대응책을 마련하는 데 중요한 통찰을 제공할 것이다.

빅데이터, 인공지능 등 첨단 기술의 발전은 불평등 측정에 있어서도 새로운 지평을 열고 있다. 이러한 기술을 활용한 혁신적인 측정 방법은 기존의 방식으로는 포착하기 어려웠던 불평등의 미시적·실시간적 양상을 분석할 수 있게 해준다. 다만, 이 과정에서 프라이버시 보호나 데이터 윤리 등의 문제에 대한 신중한 접근이 필요함은 물론이다.

글로벌화가 심화되는 현 시점에서 불평등 문제는 더 이상 한 국가의 문제로 국한되지 않는다. 따라서 불평등 지표의 국제적 표준화와 비교

가능성을 높이는 노력이 요구된다. 이는 글로벌 차원의 불평등 문제에 대한 국제 사회의 공동 대응을 가능케 하는 기반이 될 것이다.

특히 주목해야 할 점은 불평등 측정이 결코 단순한 기술적 문제에 그치지 않는다는 것이다. 어떤 불평등을 측정할 것인가, 어떤 방법으로 측정할 것인가, 그리고 그 결과를 어떻게 해석하고 정책에 반영할 것인가 하는 문제는 본질적으로 정치적인 선택의 영역에 속한다. 따라서 불평등 측정과 관련된 논의 과정에 다양한 이해관계자들의 참여를 보장하고, 측정 결과의 투명한 공개와 공론화가 필요하다.

이러한 노력들이 체계적으로 이루어질 때, 우리는 비로소 불평등의 실체를 정확히 파악하고, 이에 기반한 효과적인 정책을 수립할 수 있을 것이다. 나아가 이는 보다 공정하고 지속가능한 사회로 나아가는 길잡이가 될 것이다. 불평등 문제는 현대 민주주의의 근간을 위협하는 심각한 도전이다. 따라서 이에 대한 정확한 측정과 분석, 그리고 이에 기반한 정책적 대응은 우리 시대의 가장 중요한 과제 중 하나라고 할 수 있다.

| 2 | 한국의 경제적 불평등

한국 사회의 경제적 불평등은 급속한 경제 성장과 함께 점차 심화되어 왔으며, 특히 1997년 외환위기 이후 더욱 두드러지게 나타났다. 한국의 경제적 불평등을 소득 불평등, 자산 불평등, 그리고 임금 불평등이라는 세 가지 주요 측면에서 최신 데이터를 활용하여 알아보자.

1) 소득 불평등

한국의 소득 불평등 현황은 다양한 지표를 통해 명확하게 드러나며,

특히 지니 계수, 소득 5분위 배율, 상대적 빈곤율 등의 통계를 바탕으로 분석할 수 있다. 이러한 지표들은 한국 사회의 소득 분포가 얼마나 불평등하게 되어 있는지를 파악하는 데 중요한 도구로 사용된다. 이를 통해 우리는 한국 사회의 경제적 불평등 문제를 보다 구체적으로 이해하고, 해결 방안을 모색할 수 있다.

(1) 지니 계수를 통한 한국의 소득 불평등

지니 계수는 소득 분포의 불평등 정도를 나타내는 대표적인 지표로, 그 값이 0에 가까울수록 평등한 상태, 1에 가까울수록 극단적인 불평등 상태를 의미한다. OECD 자료에 따르면 한국의 지니 계수는 2021년 기준으로 0.345를 기록하였으며, 이는 OECD 국가들 중 중간 정도에 해당한다. 다만, 한국은 2020년부터 지니 계수가 소폭 상승하는 추세를 보이고 있어, 코로나19 팬데믹 이후 경제적 불평등이 심화되고 있음을 시사한다.

통계청 자료에 의하면 2020년 한국의 지니계수는 0.328에서 2021년 0.329, 2022년 0.324로 나타났으며, 이는 경제적 충격이 하위 소득층에 더 큰 영향을 미쳤다는 점을 반영한다. 경제 위기나 외부 충격 상황에서 상위 소득층은 비교적 안정적인 소득을 유지하는 반면, 하위 소득층은 고용 불안정과 소득 감소의 타격을 크게 받는 경향이 있다. 이러한 소득 불평등의 고착화는 장기적으로 사회 통합을 저해하고, 사회적 갈등을 증폭시킬 수 있는 중요한 문제로 작용한다.

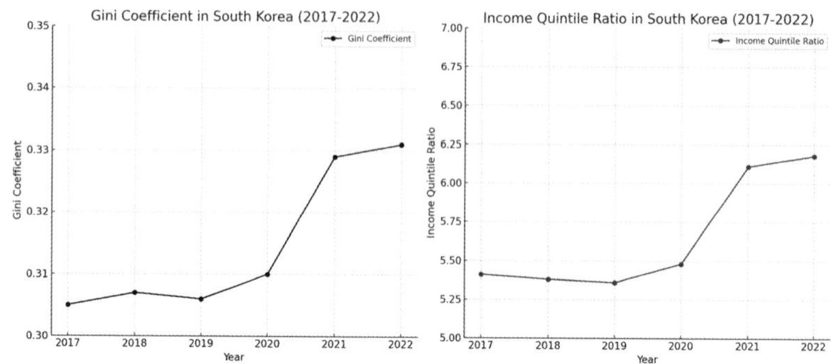

그림 2-2. 한국의 지니계수와 소득 5분위 배율(2017~2022)

자료: OECD Database(https://www.oecd.org/en/data/indicators/income-inequality.html)

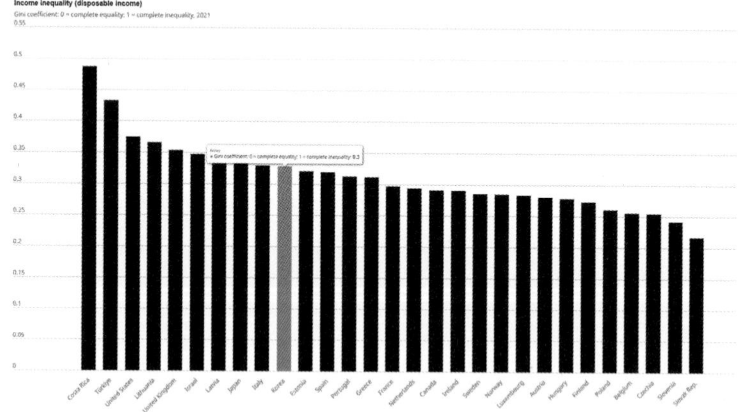

그림 2-3. OECD 국가의 국가별 지니계수 비교(2021)

자료: OECD Database(https://www.oecd.org/en/data/indicators/income-inequality.html)

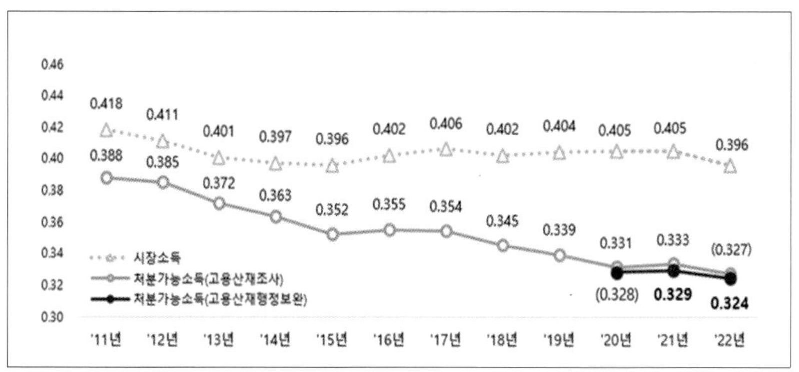

그림 2-4. 한국의 지니계수 추이

*주: 괄호 내의 수치는 동일계열 비교를 위한 참고용 수치임

자료: 통계청(2023), 가계금융복지조사

(2) 소득 5분위 배율과 한국 사회의 불평등

소득 5분위 배율은 상위 20% 소득 계층의 소득을 하위 20% 소득 계층의 소득으로 나눈 값으로, 상위 계층과 하위 계층 간 소득 격차를 구체적으로 보여주는 지표이다. 시장소득의 5분위 배율은 2011년 11.21배에서 2022년 10.99배로 소폭 하락했지만, 전체적으로 큰 변화는 없는 것으로 나타났다. 처분가능소득의 5분위 배율은 2011년에 8.32배에서 2022년 5.76배로 점차 감소하는 추세를 보이고 있다. 이는 그동안 정부의 재정 정책과 이전 소득이 소득 불평등을 완화하는 데 어느 정도 기여하고 있음을 시사한다.

특히 한국의 소득 구조는 상위 1%의 소득 집중도가 높은 특성을 보이며, 이는 자산 불평등과도 밀접하게 연결되어 있다. 상위 소득층이 경제적 기회를 독점하게 되면서 중산층과 하위 계층의 경제적 이동성이 제한되고, 이는 장기적으로 불평등을 고착화하는 결과를 초래할 수 있다.

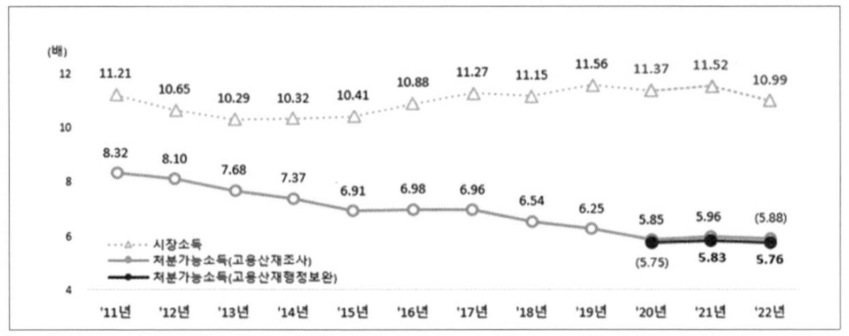

그림 2-5. 한국의 소득 5분위 배율 추이

*주: 괄호 내의 수치는 동일계열 비교를 위한 참고용 수치임

자료: 통계청(2023), 가계금융복지조사

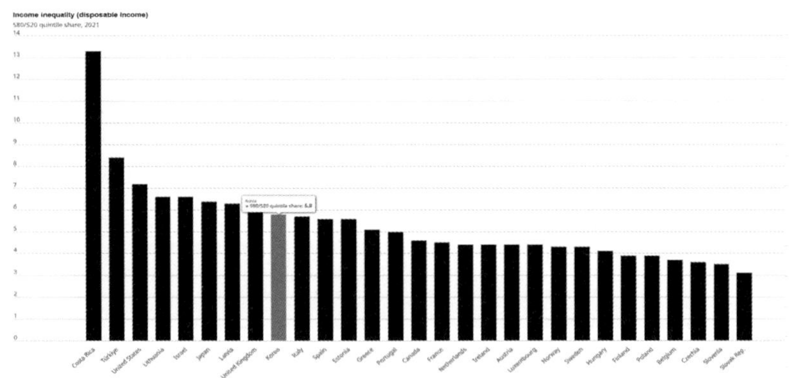

그림 2-6. OECD 국가의 국가별 소득 5분위배율 비교(2021)

자료: OECD Database(https://www.oecd.org/en/data/indicators/income-inequality.html)

(3) 상대적 빈곤율

상대적 빈곤율은 중위 소득의 50% 이하 소득을 벌고 있는 인구의 비율로, 한국의 하위 소득층이 겪고 있는 경제적 어려움을 구체적으로 나타내는 지표이다. 2021년 한국의 상대적 빈곤율은 14.8%이던 것이 2022년에는

14.9%로 0.1%p 상승했다. 특히 노인빈곤율을 살펴보면 65세 이상 인구의 상대적 빈곤율이 2021년 37.6%에서 2022년에는 38.1%에 달해 노인층이 경제적 불안정 상태에 처해 있음을 보여준다. 이는 고령화 사회로 접어든 한국이 직면하고 있는 중요한 사회 문제 중 하나이다.

한국의 상대적 빈곤율은 팬데믹 이후 상승하였으며, 이는 경제적 위기 상황에서 하위 소득층이 더욱 취약한 위치에 있음을 반영한다. 상대적 빈곤율이 높다는 것은 하위 소득층의 경제적 여건이 악화되고 있음을 의미하며, 이는 사회적 안전망의 부재와 직접적으로 연결된다.

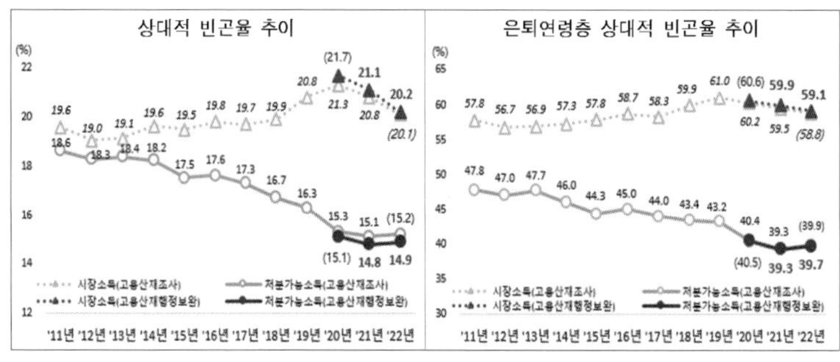

그림 2-7. 한국의 상대적 빈곤율 추이

*주: 괄호 내의 수치는 동일계열 비교를 위한 참고용 수치임
자료: 통계청(2023), 가계금융복지조사

한국의 소득 불평등 문제는 지니 계수, 소득 5분위 배율, 상대적 빈곤율 등의 지표를 통해 볼 때, 점점 더 심화되고 있으며, 이는 경제적 불평등을 해결하기 위한 제도적 개혁의 필요성을 시사한다. 소득 상위층과 하위층 간의 격차가 확대되면서 사회적 이동성은 제한되고, 이는 불평등의 고착화를 초래할 위험이 있다. 한국 사회가 소득 불평등 문제를 해결하지 못한다면, 이는 장기적으로 사회적 불안정성과 갈등을 초래할 가능성이 크다.

2) 자산 불평등

한국 사회의 자산 불평등은 소득 불평등보다도 심각하게 나타나며, 이는 경제적 안정성뿐만 아니라 세대 간 이동성에도 심대한 영향을 미친다. 자산 불평등은 자산을 소유한 계층과 그렇지 않은 계층 간의 경제적 격차를 의미하며, 이는 장기적인 사회적 불평등의 원인이 된다. 자산 불평등이 심화될수록 상위 계층은 더 많은 자산을 축적하는 반면, 하위 계층은 자산 축적의 기회를 점점 상실하게 된다.

(1) 자산 집중도와 상위 10%의 자산 점유율

자산 불평등의 가장 명확한 지표 중 하나는 상위 10%의 자산 점유율이다. 이는 전체 자산 중 상위 10%가 차지하는 비율을 나타내는 것으로, 자산이 얼마나 특정 계층에 집중되어 있는지를 파악할 수 있다. 2021년 기준 한국의 상위 10% 자산 점유율은 60%를 넘어서고 있다. 이는 전

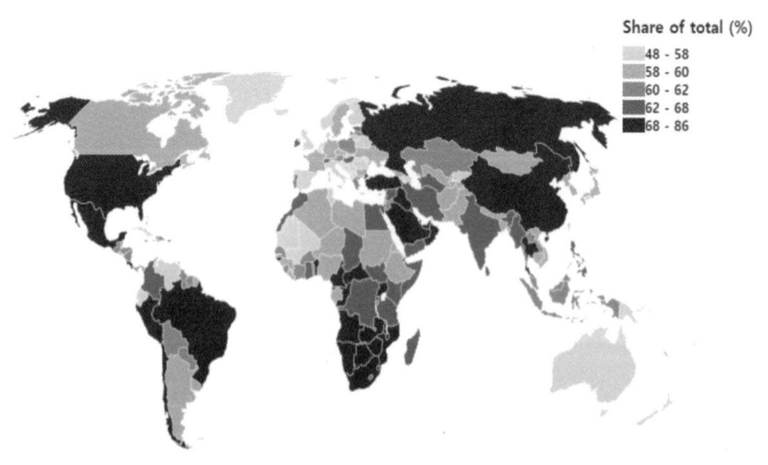

그림 2-8. 국가별 상위 10% 순자산 점유율(2021)

자료: World Inequality Database(https://wid.world/)

세계적으로 자산 불평등이 심각한 국가들과 유사한 수준이며, 한국이 경제적으로 고도화된 사회임에도 불구하고 자산의 집중화 현상이 심화되고 있음을 보여준다.

〈그림 2-8〉에서 볼 수 있듯, 한국은 자산 불평등이 극심한 국가 중 하나로, 특히 부유층이 자산의 대부분을 차지하고 있는 모습이 두드러진다. 상위 10%가 차지하는 자산 비율이 높다는 것은, 이들 계층이 부동산, 금융 자산 등을 통해 자산을 더욱 많이 축적할 수 있는 기회를 가지며, 하위 계층은 상대적으로 자산을 축적할 수 있는 기회가 줄어들고 있음을 시사한다.

이러한 자산 집중도는 부동산 가격 상승과 밀접한 관계가 있다. 부동산은 한국에서 가장 중요한 자산 축적 수단이며, 특히 서울과 같은 대도시에서는 주택 가격의 급등이 자산 불평등을 더욱 심화시키는 주요 원인 중 하나로 작용하고 있다. 주택을 소유한 상위 계층은 자산 가치 상승의 혜택을 받아 더 많은 부를 축적할 수 있는 반면, 무주택자는 이러한 상승으로 인해 자산 축적의 기회를 상실하게 된다. 이러한 상황은 부동산 정책의 실패와 시장의 불안정성에서 기인하며, 한국의 자산 불평등을 고착화시키는 중요한 요인이다.

(2) 소득 계층별 자산 분포와 불평등

소득 불평등은 자산 불평등의 주요한 원인 중 하나이다. 소득과 자산의 분포는 상호 밀접하게 연관되어 있으며, 상위 소득층은 더 많은 자산을 축적할 수 있는 반면, 하위 소득층은 상대적으로 자산 축적 기회가 적다. 〈그림 2-9〉는 소득 1분위부터 5분위까지 소득 계층별 자산 분포를 보여준다. 소득 1분위에 속하는 가구의 경우, 순자산 1분위에 해당하는 계층의 비중이 절대적이다. 반면 소득 5분위, 즉 상위 20%의 가구들은 순자산

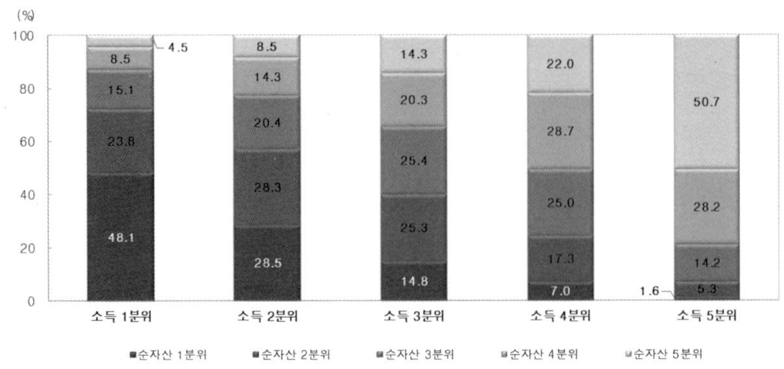

그림 2-9. 소득 분위별 순자산 분포(2022)

자료: 통계청(2023), 가계금융복지조사

5분위에 속하는 자산을 소유하며, 이들 상위 계층이 전체 자산의 상당 부분을 소유하고 있음을 알 수 있다.

이 통계는 소득 불평등이 자산 불평등으로 이어지고 있음을 명확하게 보여준다. 상위 소득층은 주택, 금융자산 등 고가 자산을 많이 보유하고 있는 반면, 하위 소득층은 자산 축적 기회가 거의 없거나 부채를 통해 자산을 소유하는 경우가 많다. 이러한 불평등 구조는 시간이 지남에 따라 더욱 심화되며, 이는 자산 소유가 부유층에게만 집중되는 현상을 고착화시킨다.

더욱이 소득 불평등과 자산 불평등은 세대 간 이동성에도 영향을 미친다. 상위 소득층은 더 나은 교육, 자산 이전을 통해 자녀 세대에게 경제적 혜택을 물려줄 수 있는 반면, 하위 소득층은 세대 간 자산 이전이 어렵기 때문에 다음 세대 역시 경제적 기회에서 배제될 가능성이 크다. 이러한 구조적 문제는 장기적으로 불평등을 더욱 고착화시키며, 사회적 이동성을 제한하는 요인으로 작용한다.

(3) 순자산 10분위별 평균값 추이

자산 불평등의 심화를 이해하기 위해 순자산 10분위별 평균값 추이를 살펴볼 필요가 있다. <그림 2-10>은 2012년부터 2023년까지의 순자산 10분위별 평균값 추이를 보여준다. 상위 10%의 자산은 지속적으로 상승하는 반면, 하위 10분위에 속하는 가구들의 자산은 거의 변동이 없거나, 일부는 마이너스 자산을 기록하고 있다.

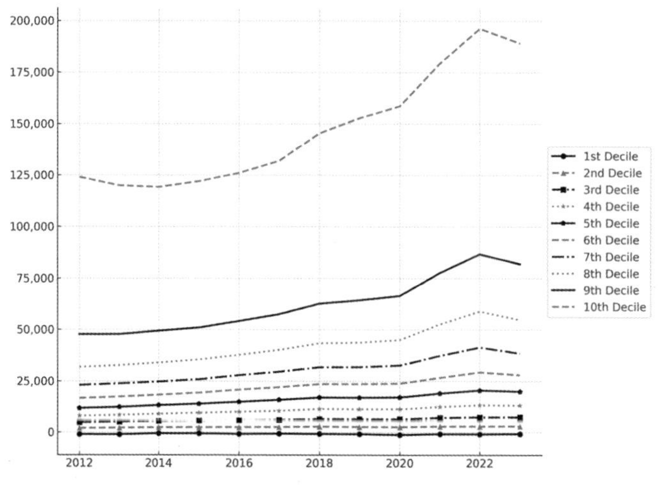

그림 2-10. 순자산 10분위별 평균값 추이(2012~2023)

자료: 통계청(2023), 가계금융복지조사

특히 2020년 이후 코로나19 팬데믹은 자산 불평등을 더욱 가속화시킨 중요한 전환점으로 작용했다. 팬데믹 이후 전 세계적인 경제 위기와 자산 시장의 변동성은 상위 자산 계층에게는 기회로 작용했지만, 하위 계층에게는 경제적 어려움을 가중시키는 요인이 되었다. 이러한 자산 격차의 심화는 한국 사회에서 자산 축적 기회가 상위 계층에 집중되고 있으며, 하위 계층은 더욱 경제적으로 소외되고 있음을 보여준다.

(4) 자산 지니 계수의 변화와 의미

자산 불평등을 측정하는 대표적인 지표 중 하나는 자산 지니 계수이다. 자산 지니 계수는 자산 분포의 불평등 정도를 나타내며, 값이 1에 가까울수록 불평등이 심각하다는 것을 의미한다. 〈그림 2-11〉은 2012년부터 2023년까지의 자산 지니 계수 변화를 보여준다. 2017년을 기점으로 자산 불평등이 증가추세를 보이고 있다.

자산 지니 계수의 증가는 한국 사회에서 자산이 특정 계층에 집중되어 있음을 의미한다. 이는 경제적 기회가 소수의 상위 계층에 한정되고, 하위 계층이 자산을 축적할 기회를 점점 잃고 있음을 시사한다. 이러한 자산 불평등은 사회적 갈등을 유발하고, 경제적 불평등이 정치적 불안정성으로 이어질 수 있는 잠재적 위험 요소로 작용할 수 있다.

자산 불평등이 심화될수록, 상위 계층은 자산을 통해 더욱 많은 부를 축적하는 반면, 하위 계층은 자산 축적 기회에서 배제되고 있다. 특히 부동산과 금융 자산의 불균형한 분포는 자산 불평등을 더욱 가속화시키고 있으며, 이는 한국 사회의 구조적 문제로 자리 잡고 있다.

자산 지니계수 추이 순자산 중앙값 대비 평균값 비율

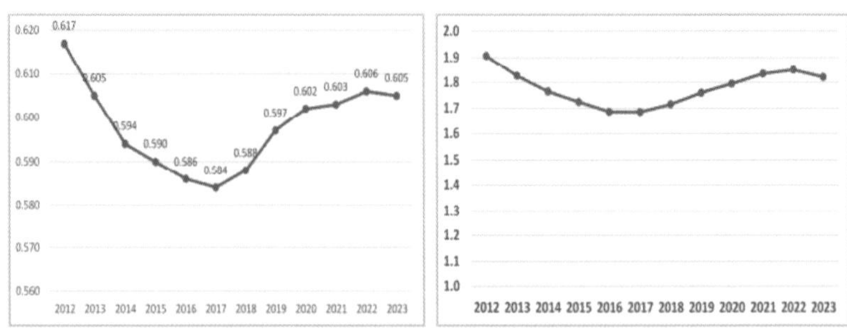

그림 2-11. 자산 지니계수 추이(2012~2023)

자료: 통계청, 가계금융복지조사 각 연도별 자료

(5) 자산 불평등의 국제적 비교

한국의 자산 불평등은 국제적으로도 높은 수준을 기록하고 있다. 〈표 2-1〉(44쪽)에서 국가별 상위 10%의 순자산 점유율을 보면, 한국은 상위 10%가 전체 자산의 60%가량을 차지하고 있으며, 이는 세계적으로 자산 불평등이 심각한 국가 중 하나로 평가된다. 특히 한국은 러시아, 중국, 미국 등과 함께 자산 불평등이 심화된 국가 그룹에 속하며, 이는 자산 축적이 일부 계층에 집중되고 있음을 보여준다.

유럽 국가들과 비교했을 때, 한국의 자산 불평등 수준은 상대적으로 높은 편이다. 유럽 국가들은 상위 10%의 자산 점유율이 50% 미만인 경우가 많지만, 한국은 그보다 훨씬 높은 자산 집중도를 기록하고 있다.

이는 한국 사회에서 부동산 및 금융 자산이 불평등의 주요 원인으로 작용하고 있음을 시사한다.

한국의 자산 불평등 문제는 소득 불평등을 뛰어넘는 구조적 문제로 자리 잡고 있으며, 이는 경제적 기회와 세대 간 이동성에 심각한 영향을 미친다. 자산 불평등을 해결하기 위해서는 정부의 적극적인 정책 개입이 필요하며, 특히 부동산 시장 안정화와 세대 간 자산 이전을 공정하게 할 수 있는 세제 개혁이 필수적이다. 또한 중산층과 하위 계층이 자산을 축적할 수 있는 기회를 확대하기 위한 금융정책도 함께 마련되어야 한다.

궁극적으로 자산 불평등 문제를 해결하지 않는다면, 이는 사회적 통합을 저해하고 경제적 격차가 더욱 확대되는 결과를 초래할 수 있다.

표 2-1. 순자산 상위 10% 점유율 국가 비교(2021)

순위	국가	상위 10% 순자산 점유율	순위	국가	상위 10% 순자산 점유율	순위	국가	상위 10% 순자산 점유율
1	네덜란드	47.90%	58	독일	58.90%	115	차드	63.20%
2	슬로바키아	49.70%	59	수단	59.30%	116	이스라엘	63.40%
3	덴마크	50.70%	**60**	**한국**	**59.30%**	117	남수단	63.40%
4	벨기에	52.20%	61	프랑스	59.30%	118	필리핀	63.50%
5	노르웨이	52.20%	62	룩셈부르크	59.30%	119	레소토	63.80%
6	말타	53.80%	63	캄보디아	59.40%	120	이집트	63.80%
7	북마케도니아	55.80%	64	에리트레아	59.50%	121	지부티	63.80%
8	크로아티아	56.00%	65	에티오피아	59.60%	122	모로코	63.90%
9	핀란드	56.10%	66	베트남	59.70%	123	소말리아	64.30%
10	보스니아-헤르체코비나	56.10%	67	우크라이나	59.80%	124	스리랑카	64.40%
11	이탈리아	56.20%	68	감비아	59.80%	125	인도	64.50%
12	몰도바	56.30%	69	조지아	59.80%	126	콜롬비아	64.60%
13	알바니아	56.40%	70	우즈베키스탄	59.80%	127	코모로	64.80%
14	뉴질랜드	56.60%	71	파키스탄	59.80%	128	마다가스카르	65.60%
15	아르메니아	56.60%	72	몰디브	60.10%	129	아일랜드	66.00%
16	아제르바이잔	56.60%	73	라오스	60.10%	130	팔레스타인	66.10%
17	아이슬란드	56.70%	74	마카오	60.20%	131	키프로스	66.40%
18	세르비아	56.80%	75	시에라리온	60.30%	132	에스토니아	66.40%
19	몬테네그로	56.90%	76	부르키나파소	60.50%	133	바레인	66.90%
20	호주	57.10%	77	모리셔스	60.60%	134	탄자니아	67.00%
21	영국	57.10%	78	라트비아	60.60%	135	헝가리	67.30%
22	에콰도르	57.20%	79	카자흐스탄	60.60%	136	적도 기니	67.50%
23	슬로베니아	57.20%	80	포르투갈	60.70%	137	미얀마	67.50%
24	리투아니아	57.40%	81	그리스	60.70%	138	튀르키예	68.00%
25	키르키스스탄	57.40%	82	말레이시아	60.80%	139	카메룬	68.30%
26	쿠바	57.60%	83	세네갈	60.80%	140	코스타리카	68.30%
27	스페인	57.60%	84	인도네시아	61.00%	141	우간다	68.40%
28	브루나이	57.70%	85	토고	61.10%	142	세이셸	68.60%
29	루마니아	57.70%	86	요르단	61.10%	143	중국	68.80%
30	동티모르	57.80%	87	브룬디	61.40%	144	홍콩	69.80%
31	모리타니	57.80%	88	볼리비아	61.50%	145	짐바브웨	70.20%
32	대만	57.80%	89	가이아나	61.50%	146	카타르	71.70%
33	파푸아뉴기니	57.80%	90	온두라스	61.50%	147	이라크	72.10%
34	말리	57.90%	91	파나마	61.60%	148	르완다	72.50%
35	튀니지	58.00%	92	파라과이	61.60%	149	사우디아라비아	72.60%
36	타지키스탄	58.00%	93	수리남	61.60%	150	쿠웨이트	72.90%
37	몽골	58.10%	94	바하마	61.60%	151	베냉	73.80%
38	우루과이	58.20%	95	벨리즈	61.60%	152	오만	74.00%
39	알제리	58.20%	96	도미니카공화국	61.60%	153	러시아	74.10%
40	캐나다	58.30%	97	과테말라	61.70%	154	태국	74.20%
41	북한	58.40%	98	아이티	61.70%	155	콩고	75.40%
42	기니	58.40%	99	자메이카	61.70%	156	말라위	76.10%
43	부탄	58.40%	100	니카라과	61.70%	157	아랍에미리트	76.40%
44	방글라데시	58.50%	101	트리니다드 토바고	61.70%	158	페루	76.80%
45	체코	58.50%	102	폴란드	61.80%	159	앙골라	77.60%
46	엘살바도르	58.50%	103	오스트리아	61.90%	160	보츠와나	78.50%
47	네팔	58.50%	104	코트디부아르	61.90%	161	레바논	78.70%
48	아프카니스탄	58.60%	105	케냐	62.00%	162	멕시코	78.80%
49	일본	58.60%	106	이란	62.00%	163	기니비사우	79.00%
50	리베리아	58.70%	107	콩고민주공화국	62.20%	164	브라질	79.80%
51	불가리아	58.70%	108	가나	62.30%	165	잠비아	79.80%
52	니제르	58.70%	109	투르크메니스탄	62.40%	166	스와질란드	80.40%
53	가봉	58.70%	110	시리아	62.60%	167	나미비아	80.40%
54	아르헨티나	58.90%	111	스위스	62.70%	168	칠레	80.40%
55	스웨덴	58.90%	112	싱가포르	62.80%	169	모잠비크	80.40%
56	리비아	58.90%	113	카보 베르데	62.80%	170	중앙아프리카공화국	80.50%
57	나이지리아	58.90%	114	예멘	63.10%	171	상투메 프린시페	80.90%

*주: 미국은 2019년 자료가 최신 자료로 위의 표에는 포함되지 않음.(2019년 71.6%)

자료: 민주연구원(2024), 『불평등 보고서』

3) 임금 불평등

한국 사회에서 경제적 불평등을 논할 때 빠질 수 없는 중요한 측면이 바로 임금 불평등이다. 임금 불평등은 단순히 노동시장에서의 보수 차이를 의미하는 것이 아니라, 성별, 연령, 학력, 고용 형태 등 여러 변수에 의해 복합적으로 영향을 받는 현상이다. 이러한 불평등은 구조적인 문제를 반영하며, 사회 전반의 기회 불평등과 연결되어 있다. 특히 한국의 노동시장은 정규직과 비정규직의 이중구조가 강하게 자리 잡고 있어, 노동자의 고용 형태에 따라 임금 수준에 큰 차이가 발생한다.

(1) 고용 형태에 따른 임금 불평등

정규직과 비정규직의 시간당 임금 격차는 한국 노동 시장에서 지속적으로 문제시되고 있다. 2023년 기준으로 비정규직 노동자의 시간당 임금은 정규직의 70.9% 수준에 머물러 있다. 이는 과거 2014년 62.2%에서 점진적으로 개선되었으나 여전히 상당한 격차가 존재한다. 특히 300인 이상 대기업과 중소기업 간의 비정규직 임금 격차는 매우 두드러지는데, 300인 이상 정규직의 시간당 임금총액을 기준으로, 67.2%, 300인 미만 비정규직

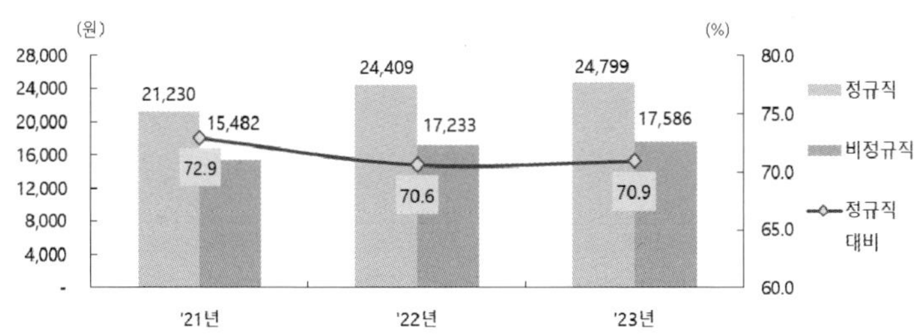

그림 2-12. 정규직 대비 비정규직의 시간당 임금총액 수준

자료: 통계청, 고용형태별 근로실태조사(2023. 6.)

비정규직은 44.1%에 해당한다. 이러한 자료는 정규직과 비정규직 간의 차별적인 대우가 노동 시장에서 만연해 있음을 보여준다.

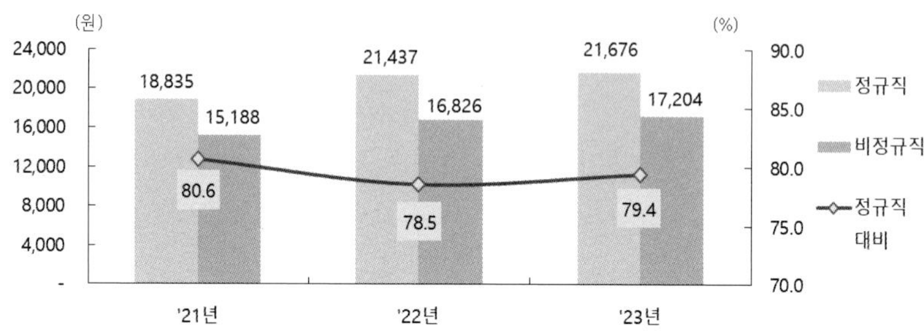

그림 2-13. 정규직 대비 비정규직의 시간당 정액급여 수준

자료: 통계청, 고용형태별 근로실태조사(2023. 6.)

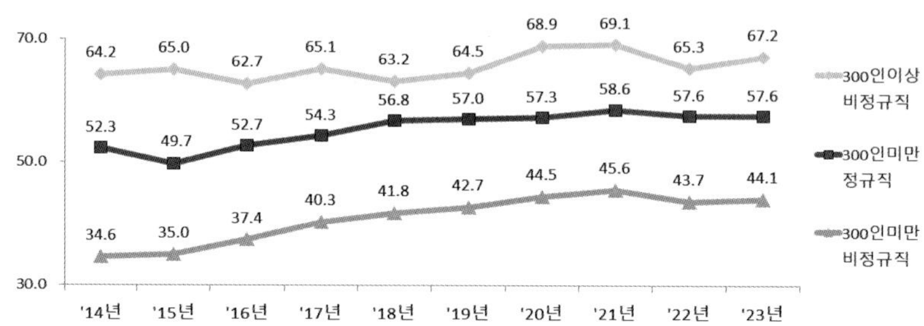

그림 2-14. 연도별 시간당 임금 수준 추이(300인 이상 정규직=100, %)

자료: 통계청, 고용형태별 근로실태조사(2023. 6.)

(2) 대기업과 중소기업 간 임금 격차

대기업과 중소기업 간의 임금 불평등도 중요한 문제로 부각된다. 2023년 기준, 300인 이상의 대기업 정규직 노동자는 중소기업 정규직 노동자에 비해 약 20% 더 높은 임금을 받고 있다. 중소기업에서 일하는 비정규직의 임금 수준은 특히 낮아, 대기업과 중소기업 간의 임금 격차가 점차 확대되고 있다. 대기업은 고용 안정성과 높은 임금을 제공할 수 있는 반면, 중소기업은 상대적으로 열악한 근로 조건을 제공하는 경향이 있다. 이로 인해, 노동자들은 대기업으로의 진입을 희망하지만 이러한 기회는 제한적이며, 이는 중소기업 노동자들의 임금 불평등을 더욱 심화시킨다.

(3) 저임금 근로자 비중

저임금 근로자의 비율은 한국 임금 구조에서 중요한 불평등 요소로 작용한다. 2023년 기준 저임금 근로자 비율은 전체 노동자의 16.2%에 해당한다. 이는 2008년 25.5%에서 점진적으로 감소했으나 여전히 상당수의 노동자가 저임금에 시달리고 있음을 보여준다. 저임금 근로자는 주로 비정규직, 중소기업 근로자들로 구성되며, 이들은 경제적 불안정성에 취약한 계층이다. 저임금 근로자 비율의 감소는 긍정적 신호로 볼 수 있으나, 이를 지속적으로 줄이기 위한 정책적 노력이 필요하다.

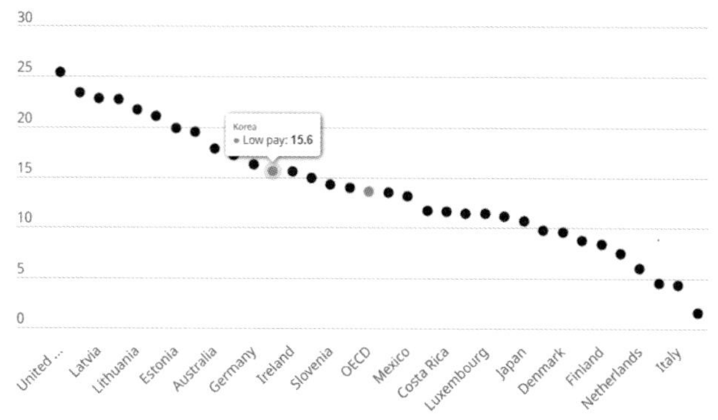

그림 2-15. 전 세계 저임금 노동자 비율(2021)

자료: OECD Database(https://www.oecd.org/en/data/indicators/income-inequality. html)

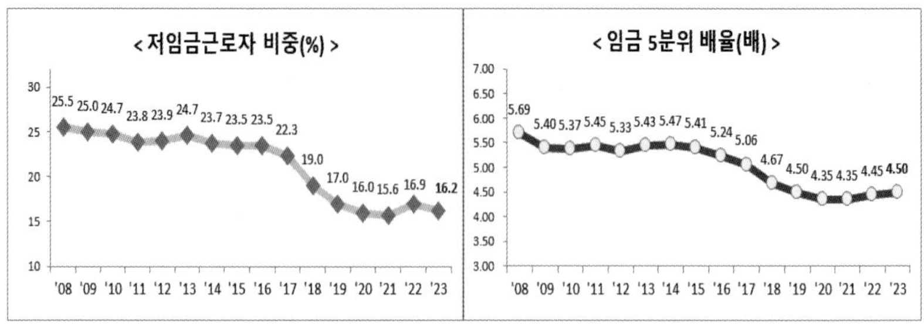

그림 2-16. 한국의 저임금 노동자 비율 추이

자료: 통계청, 고용형태별 근로실태조사(2023. 6.)

임금 5분위 배율은 소득 불평등을 나타내는 또 다른 중요한 지표이다. 2023년 기준, 상위 20%와 하위 20% 간의 임금 격차는 약 4.5배로 나타났다. 이는 2008년 5.69배에 비해 개선된 수치이지만, 여전히 상위 계층과 하위 계층 간의 소득 격차는 상당히 크다. 특히 비정규직 노동자의 임금이 정규직에 비해 지속적으로 낮은 수준을 유지함에 따라 이러한 격차는 쉽게 해소되지 않고 있다.

(4) 성별 임금 격차

한국의 성별 임금 격차는 OECD 국가 중 가장 큰 수준이다. 2022년 기준, 남성 중간 소득의 31.2%에 해당하는 임금 격차가 존재하며, 이는 여성들이 동일한 일자리에서 남성보다 현저히 적은 임금을 받고 있음을 의미한다. 성별 임금 격차는 비단 한국 노동 시장의 성차별적 구조뿐만 아니라, 여성들이 고임금 직종에 진출하는 기회가 제한된 점에서 기인한다. 이러한 성별 임금 격차는 한국 사회의 중요한 불평등 요소로 남아 있으며, 이를 해결하기 위한 정책적 노력이 필수적이다.

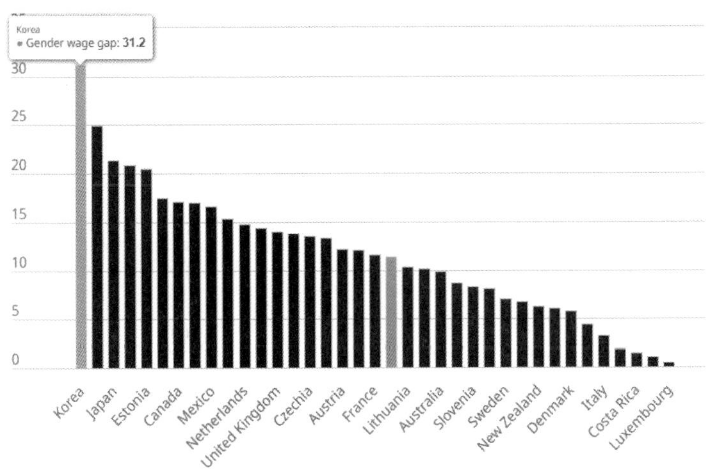

그림 2-17. 전 세계 성별 임금 격차(2022년, 남성 중간 소득의 %)

자료: OECD Database(https://www.oecd.org/en/data/indicators/income-inequality. html)

한국의 임금 불평등 문제는 정규직과 비정규직, 대기업과 중소기업, 성별과 학력에 따른 다층적인 구조적 문제로 얽혀 있다. 노동 시장의 불평등을 해소하기 위해서는 임금 격차를 줄이는 정책적 개입이 필요하며, 특히 비정규직 근로자와 중소기업 노동자에 대한 처우 개선이 필수적이다. 또한, 성별 임금 격차를 해소하기 위한 장기적 전략도 수립되어야 한다.

이러한 다양한 형태의 경제적 불평등은 서로 밀접하게 연관되어 있으며, 한국 사회의 구조적 문제를 반영하고 있다. 소득 불평등은 자산 축적의 차이를 가져오고, 이는 다시 다음 세대의 교육과 취업 기회의 불평등으로 이어지는 악순환을 만들어내고 있다.

최근 한국 정부는 이러한 불평등 문제에 대응하기 위해 다양한 정책을 시행하고 있다. 예를 들어 2021년부터 시행된 한국형 실업부조인 '국민취업지원제도'는 저소득층과 청년층의 소득 안정과 취업 지원을 목표로 한다. 또한 부동산 투기 억제와 주거 안정을 위한 다양한 정책들이 도입되고 있다.

그러나 이러한 정책적 노력에도 불구하고 한국의 경제적 불평등은 여전히 심각한 수준이며, 코로나19 팬데믹으로 인해 더욱 악화되었다는 분석도 있다. 따라서 향후 한국 사회는 이러한 불평등 문제를 해결하기 위한 더욱 체계적이고 장기적인 접근이 필요할 것으로 보인다.

3장

불평등의 구조적 차원: 인구, 교육, 지역적 측면

3장

불평등의 구조적 차원: 인구, 교육, 지역적 측면

| 1 | 인구와 불평등

1) 저출산, 고령화와 경제적 불평등

한국 사회가 직면한 가장 중요한 인구학적 변화는 저출산과 고령화다. 이 두 현상은 단순한 인구구조의 변화를 넘어 경제적 불평등의 심화와 밀접하게 연관되어 있다. 저출산과 고령화가 경제적 불평등에 미치는 영향을 이해하기 위해서는 이 현상들이 노동시장, 복지체계, 세대 간 자원 이전 등에 미치는 복합적인 효과를 분석해야 한다.

먼저 저출산 현상이 경제적 불평등에 미치는 영향을 살펴보자. 한국의 합계출산율은 2021년 기준 0.81, 2023년 0.72로, OECD 국가 중 최저 수준을 기록하고 있다. 이는 대체출산율인 2.1에 크게 못 미치는 수준이다. 이러한 저출산 현상은 여러 경로를 통해 경제적 불평등을 심화시킬 수 있다.

그림 3-1. 합계출산율

*주: 합계출산율은 가임기 여성(15~49세) 1명이 가임기간(15~49세) 동안 낳을 것으로 예상되는 평균 출생아수임

자료: 통계청, 인구동향조사 각 연도

먼저 저출산은 노동력 부족 문제를 야기한다. 노동력 감소는 경제 성장의 둔화로 이어질 수 있으며, 이는 새로운 일자리 창출과 임금 상승을 제한하는 요인으로 작용할 수 있다. 특히 이러한 영향은 저숙련 노동자들에게 더 크게 나타날 가능성이 높다. 에스핑-안데르센(Esping-Andersen, 2009)은 저출산으로 인한 노동력 감소가 숙련 편향적 기술 변화(skill-biased technological change)와 결합될 경우, 저숙련 노동자들의 임금 정체나 하락을 초래할 수 있다고 지적한다.

또한 저출산은 교육 투자의 양극화를 심화시킬 수 있다. 자녀 수가 줄어들면서 부모들은 한 자녀에게 더 많은 교육 투자를 하게 된다. 이는 부모의 경제력에 따른 교육 격차를 더욱 벌어지게 만드는 결과를 낳을 수 있다. 한국의 맥락에서 이러한 현상은 특히 두드러진다. 이삼식(2016)의 연구에 따르면 한국의 저출산 현상은 사교육비 지출의 증가와 밀접한 관련이 있으며, 이는 교육 기회의 불평등을 심화시키는 요인으로 작용한다.

다음으로 고령화가 경제적 불평등에 미치는 영향을 살펴보자. 한국은

2017년에 이미 고령사회(노인인구 비율 14% 이상)에 진입했으며, 2025년에는 초고령사회(노인인구 비율 20% 이상)에 진입할 것으로 예상된다. 이러한 급속한 고령화는 다음과 같은 경로를 통해 경제적 불평등을 심화시킬 수 있다.

첫째, 고령화는 노동시장의 이중구조를 심화시킬 수 있다. 정년 연장이나 재고용 등으로 인해 고령 노동자의 비중이 증가하면, 이는 청년 일자리와 경쟁 관계에 놓일 수 있다. 이철희(2018)의 연구에 따르면 한국의 고령자 고용 증가가 청년 고용에 부정적인 영향을 미치는 것으로 나타났다. 이는 세대 간 일자리 경쟁을 심화시키고, 노동시장 진입이 상대적으로 어려운 청년층의 경제적 불안정성을 높일 수 있다.

둘째, 고령화는 연금 체계의 지속가능성을 위협하며, 이는 세대 간 불평등으로 이어질 수 있다. 현재의 연금 체계는 현재 노동 세대가 은퇴 세대를 부양하는 방식으로 운영된다. 그러나 고령화로 인해 부양비가 급격히 증가하면, 현재의 청년 세대는 이전 세대보다 더 많은 부담을 져야 할 뿐만 아니라, 자신들의 노후에는 충분한 연금을 받지 못할 가능성이 높아진다. 이는 세대 간 형평성 문제를 야기하며, 세대 간 갈등의 원인이 될 수 있다.

셋째, 고령화는 의료비 지출의 증가를 통해 불평등을 심화시킬 수 있다. 노인 인구의 증가는 필연적으로 의료비 지출의 증가로 이어진다. 문제는 이러한 의료비 부담이 모든 계층에게 균등하게 나타나지 않는다는 점이다. 김진구(2012)의 연구에 따르면 저소득 노인층의 의료비 부담이 상대적으로 더 크며, 이는 이들의 경제적 어려움을 가중시키는 요인으로 작용한다.

저출산과 고령화 현상이 동시에 진행되면서 한국 사회는 '인구 오너스(demographic onus)' 상황에 직면하고 있다. 이는 생산가능인구의 감소와 부양 부담의 증가를 의미하며, 경제 성장의 둔화와 재정 부담의 증가로 이어질 수 있다. 이러한 상황에서 경제적 불평등 문제를 해결하기 위해서는 보다 적극적이고 혁신적인 정책적 접근이 필요하다.

저출산 문제 해결을 위해서는 단순한 출산장려금 지급뿐만 아니라 일·가정 양립을 위한 제도적 지원, 양질의 보육 서비스 제공, 주거 안정성 보장 등 종합적인 접근이 필요하다. 고령화에 대응하기 위해서는 노인 일자리 창출, 평생교육 체계 구축, 세대 통합형 복지 정책 등을 고려해볼 수 있다.

저출산과 고령화는 한국 사회의 경제적 불평등을 심화시킬 수 있는 중요한 요인이다. 이 문제에 효과적으로 대응하기 위해서는 인구 변화가 경제적 불평등에 미치는 복합적인 영향을 정확히 이해하고, 이를 바탕으로 종합적이고 장기적인 정책을 수립해야 한다. 또한 이 과정에서 세대 간 형평성, 사회적 연대, 지속가능한 발전 등의 가치를 고려하는 것이 중요하다.

2) 세대 간 갈등과 자원 배분의 문제

세대 간 갈등은 현대 사회에서 점점 더 두드러지는 문제로, 이는 주로 경제적 자원의 배분을 둘러싼 경쟁에서 비롯된다. 저출산과 고령화가 지속되는 가운데, 한정된 사회적 자원을 어떻게 분배할 것인가에 대한 논쟁은 필연적으로 세대 간의 이해관계 충돌을 초래한다. 이러한 갈등은 단순히 경제적 문제에 그치지 않고 정치적·사회적 차원에서도 심각한 영향을 미치고 있다.

고령화 사회에서의 자원 배분은 세대 간 갈등을 더욱 부추기는 요인이다. 고령층은 연금, 의료, 장기 요양 등 다양한 사회적 지원을 필요로 하며, 이러한 필요는 인구 고령화와 함께 급증하고 있다. 그러나 이러한 지원을 충당하기 위한 재원은 주로 젊은 세대의 노동으로부터 발생하는 세수에 의존하고 있다. 이로 인해 젊은 세대는 자신들의 경제적 기회가 제한되는 상황에서 추가적인 재정적 부담을 떠안아야 하는 이중고에 직면하게 된다.

이러한 상황은 젊은 세대의 경제적 불안감을 심화시키고, 고령층에 대한 반감을 조성하는 원인이 된다. 젊은 세대는 자신들이 경제적 안정을 이루기 위해 필요한 자원을 확보하지 못하고 있다고 느끼며, 특히 주거비 상승, 고용 불안정, 교육비 부담 등에서 어려움을 겪고 있다. 이러한 불만은 세대 간 갈등으로 표출되며, 정치적 선택에서도 뚜렷한 양극화를 낳고 있다.

정치적 대표성의 왜곡도 세대 간 갈등을 심화시키는 중요한 요인 중 하나이다. 고령층은 인구의 상당 부분을 차지하면서도 높은 투표율을 보이는 경향이 있어, 정치적 영향력이 크다. 이는 정치인들이 고령층의 이익을 우선시하는 정책을 채택하게 만들며, 젊은 세대의 요구는 상대적으로 소외되는 결과를 낳는다. 이러한 정치적 대표성의 불균형은 세대 간 자원 배분에서의 불평등을 심화시키며, 젊은 세대의 정치적 무력감을 초래한다.

세대 간 자원 배분 문제는 또한 사회적 안전망의 설계와 운영 방식에서 나타난다. 현재의 사회적 안전망은 주로 고령층을 대상으로 한 복지 제도에 집중되어 있으며, 이는 고령화 사회에서 필연적인 선택일 수밖에 없다. 그러나 이러한 구조는 젊은 세대의 경제적 지원을 약화시키고, 이들이 미래에 겪게 될 불평등을 방치하는 결과를 초래할 수 있다. 예를 들어, 연금 제도의 지속 가능성 문제나, 의료비의 급증으로 인한 재정적 압박은 젊은 세대에게 불리하게 작용할 가능성이 크다.

또한 자원 배분의 불균형은 젊은 세대의 장기적 경제 전망을 어둡게 만들고 있다. 젊은 세대는 주택 시장 진입의 어려움, 교육 비용 증가, 고용 기회의 불안정성 등 다양한 문제에 직면해 있으며, 이러한 문제들은 모두 세대 간 자원 배분의 불평등과 밀접한 관련이 있다. 특히 주택 시장에서의 불평등은 젊은 세대가 경제적 자립을 이루는 데 있어 가장 큰 장애물 중 하나로 작용하고 있으며, 이는 세대 간 경제적 격차를 확대시키는 주요 요인이 되고 있다.

세대 간 갈등과 자원 배분의 문제는 현대 사회에서 불평등을 심화시키는 주요 요인으로 작용하고 있다. 이러한 갈등을 해결하기 위해서는 세대 간의 공정한 자원 배분을 위한 정책적 노력이 필요하다. 이는 단순히 경제적 자원의 재분배에 그치지 않고, 정치적 대표성의 균형을 맞추며, 세대 간 협력과 이해를 증진시키는 방향으로 나아가야 할 것이다. 젊은 세대와 고령 세대가 상호 존중과 협력을 바탕으로 공존할 수 있는 사회를 만들기 위해서는, 세대 간의 경제적 불평등을 해소하고, 모두가 동등한 기회를 누릴 수 있도록 하는 구조적 개혁이 절실히 요구된다.

3) 인구 변화에 따른 정책적 대응

인구 변화, 특히 저출산과 고령화는 현대 사회가 직면한 가장 심각한 도전 과제 중 하나로, 이는 경제적 불평등을 심화시키고 세대 간 갈등을 촉발하는 주요 요인으로 작용하고 있다. 이러한 변화에 효과적으로 대응하지 못할 경우, 사회적 불안정과 지속적인 경제적 격차가 고착화될 위험이 크다. 따라서 인구 변화에 따른 문제를 해결하기 위해서는 종합적이고 체계적인 정책적 대응이 필수적이다.

첫째, 저출산 문제를 해결하기 위한 정책적 대응은 가정과 직장의 양립을 가능하게 하는 데 초점을 맞추어야 한다. 저출산 문제는 경제적 불안정, 육아와 가사 부담, 직장 내 성차별적 구조 등 다양한 요인에서 비롯된다. 따라서 이를 해결하기 위해서는 육아휴직 제도의 강화, 유연근무제 도입, 보육 서비스의 질적 향상 등이 필요하다. 부모가 경제적 부담 없이 아이를 키울 수 있도록 출산과 육아에 대한 재정적 지원을 확대하고, 기업들이 유연한 근무 환경을 제공하도록 유도하는 정책이 중요하다. 이러한 정책적 노력이 성공적으로 이루어진다면, 출산율 회복과 함께 경제적 불평등의 완화도 기대할 수 있을 것이다.

둘째, 고령화 사회에 대응하기 위한 정책적 접근은 고령층의 경제적 자립과 복지 시스템의 지속 가능성을 중심으로 설계되어야 한다. 고령화 문제는 사회적 지출의 급증을 초래하며, 이는 젊은 세대의 부담으로 작용할 수 있다. 이를 해결하기 위해서는 연금 제도의 개혁이 필수적이다. 연금 제도의 지속 가능성을 확보하기 위해서는 고령층의 노동시장 참여를 장려하고, 퇴직 후에도 경제적 활동을 할 수 있는 환경을 조성해야 한다. 또한 예방적 건강 관리와 재활 서비스를 강화하여 고령층의 의료 비용을 줄이고, 이를 통해 국가 재정에 대한 부담을 완화할 필요가 있다.

셋째, 세대 간 갈등을 완화하고 공정한 자원 배분을 실현하기 위한 노력이 필요하다. 세대 간 갈등은 주로 자원의 배분에서 비롯되며, 이는 정치적 대표성의 왜곡으로 인해 더욱 심화될 수 있다. 따라서 세대 간의 이해와 협력을 증진시키기 위한 정책적 접근이 필요하다. 세대 간 대화를 촉진하는 교육 프로그램이나, 공공 자원의 배분에 있어 공정성을 강화하는 제도를 도입할 수 있다. 또한 젊은 세대의 경제적 기회를 확대하기 위해 주거, 교육, 고용 안정성에 대한 지원을 강화해야 한다. 이는 세대 간 신뢰를 회복하고, 경제적 불평등을 완화하는 데 중요한 역할을 할 것이다.

넷째, 인구 변화에 따른 재정 구조의 재편이 필요하다. 저출산과 고령화는 국가 재정에 큰 압박을 가하며, 기존의 재정 구조로는 이러한 변화를 효과적으로 대응하기 어렵다. 따라서 재정 정책의 우선순위를 재조정하고, 장기적인 관점에서 재정 건전성을 확보하는 것이 중요하다. 이를 위해서는 불필요한 지출을 줄이고, 세입 구조를 개선하는 등의 노력이 필요하다. 고소득층에 대한 세금 정책을 강화하여 재원을 확보하고, 이를 통해 사회적 안전망을 강화하는 방향으로 나아가야 한다. 또한 복지 제도의 효율성을 높이기 위해 지출 구조를 재검토하고, 필요한 곳에 자원이 집중되도록 조정하는 것이 필요하다.

이렇듯 인구 변화에 따른 문제를 해결하기 위해서는 다각적인 정책적 접근이 필요하다. 저출산 문제 해결을 위한 가정과 직장의 양립, 고령화 사회에 대응하기 위한 연금 제도의 개혁, 세대 간 갈등 완화를 위한 공정한 자원 배분, 그리고 재정 구조의 재편 등을 통해 우리는 경제적 불평등을 완화하고, 지속 가능한 사회를 구축할 수 있을 것이다. 이러한 정책적 노력은 단순히 인구 문제에 대한 대응을 넘어서 보다 공정하고 포용적인 사회를 만들기 위한 필수적인 과정이다.

| 2 | 교육과 불평등: 교육과 사회적 이동성

1) 교육 기회의 불평등과 그 결과

교육은 현대 사회에서 개인의 사회적 지위를 결정짓는 중요한 요소로, 사회적 이동성을 촉진하는 핵심적인 경로이다. 그러나 교육 기회의 불평등은 이러한 기능을 저해하고, 오히려 불평등을 재생산하는 메커니즘으로 작용할 수 있다. 한국 사회에서도 이러한 현상이 두드러지게 나타나고 있으며, 이는 다양한 사회적 문제를 야기하고 있다.

교육 기회의 불평등은 다양한 형태로 나타난다. 가장 두드러진 것은 지역 간 교육 환경의 격차이다. 대도시와 농어촌 지역 간의 교육 인프라 차이, 수도권과 비수도권 간의 교육 자원 분배 불균형 등은 학생들의 교육 기회에 직접적인 영향을 미친다. 또한 학교 유형에 따른 차이도 무시할 수 없다. 특목고, 자사고 등 특정 유형의 학교들이 우수한 교육 환경을 독점하는 현상은 교육 기회의 불평등을 심화시키는 요인이 된다.

이러한 교육 기회의 불평등은 학생들의 학업 성취도에 직접적인 영향을 미친다. 우수한 교육 환경에서 학습한 학생들은 높은 학업 성취도를 보이는 반면, 그렇지 못한 학생들은 상대적으로 낮은 성취도를 보이게 된다. 이는 단순히 학업 성적의 차이로 그치는 것이 아니라, 향후 대학 진학과 취업 등 인생의 주요 전환점에서 중요한 영향을 미치게 된다.

교육 기회의 불평등이 초래하는 결과는 사회 전반에 걸쳐 부정적인 영향을 미친다. 첫째, 이는 사회 전체의 인적 자본 형성을 저해한다. 교육 기회가 불평등하게 분배될 경우, 잠재력 있는 많은 학생들이 적절한 교육을 받지 못해 자신의 능력을 충분히 발휘하지 못하게 된다. 이는 개인적 손실일 뿐만 아니라 국가 전체의 인적 자원 개발 측면에서도 큰 손실이다.

둘째, 교육 기회의 불평등은 사회적 갈등을 심화시킬 수 있다. 교육이 계층 이동의 사다리 역할을 하지 못하고 오히려 불평등을 고착화하는 도구로 인식될 경우, 이는 사회 구성원들의 박탈감과 소외감을 증폭시킬 수 있다. 이러한 감정은 계층 간 갈등으로 이어질 수 있으며, 사회 통합을 저해하는 요인이 된다.

셋째, 교육 기회의 불평등은 민주주의의 질적 저하를 초래할 수 있다. 교육은 시민의식 함양과 비판적 사고 능력 개발에 중요한 역할을 한다. 그러나 교육 기회가 불평등하게 분배될 경우, 일부 계층만이 이러한 능력을 충분히 개발할 수 있게 된다. 이는 결과적으로 민주주의의 근간인 시민들의 정치 참여와 의사 결정 능력에 격차를 만들어내며, 민주주의의 질적 저하로 이어질 수 있다.

한국 사회에서는 특히 대학 입시를 중심으로 한 교육 체계가 교육 기회의 불평등을 심화시키는 주요 요인으로 작용하고 있다. 입시 중심의 교육은 학생들을 끊임없는 경쟁 구도로 몰아넣으며, 이 과정에서 경제적 · 문화적 자본을 갖춘 가정의 자녀들이 유리한 위치를 차지하게 된다. 이는 결과적으로 교육을 통한 계층 이동을 어렵게 만들고, 기존의 사회경제적 지위를 재생산하는 메커니즘으로 작용한다.

교육 기회의 불평등 문제를 해결하기 위해서는 다각도의 접근이 필요하다. 우선, 지역 간, 학교 간 교육 자원의 격차를 줄이기 위한 정책적 노력이 필요하다. 교육 인프라가 취약한 지역에 대한 집중적인 투자, 학교 간 교사 순환 제도 강화 등을 통해 교육 환경의 형평성을 제고해야 한다.

또한, 입시 중심의 교육 체계를 개선하여 다양한 재능과 적성을 인정하는 교육 시스템을 구축해야 한다. 학생들의 다양한 역량을 평가할 수 있는 입학 전형 방식의 도입, 직업교육의 강화 등을 통해 획일적인 교육 경쟁 구도를 완화할 필요가 있다.

마지막으로, 저소득층 학생들을 위한 교육 지원 프로그램을 강화해야 한다. 단순한 경제적 지원을 넘어, 멘토링, 진로 상담 등 종합적인 교육 지원 체계를 구축함으로써 이들이 교육을 통해 사회경제적 지위를 향상시킬 수 있는 실질적인 기회를 제공해야 한다.

교육 기회의 불평등은 현대 한국 사회가 직면한 가장 심각한 문제 중 하나이다. 이는 단순히 교육의 문제를 넘어 사회 전반의 불평등 구조와 깊이 연관되어 있다. 따라서 이 문제의 해결을 위해서는 교육 정책의 개선뿐만 아니라 노동 시장의 구조 개선, 복지 정책의 강화 등 종합적인 접근이 필요하다. 우리 사회가 진정한 의미의 교육 기회 평등을 실현할 때, 비로소 교육은 사회적 이동성을 촉진하고 모든 구성원에게 공정한 기회를 제공하는 본연의 역할을 다할 수 있을 것이다.

2) 교육이 불평등의 재생산 도구로 작용하는 방식

교육은 현대 사회에서 개인의 성장과 사회 발전을 위한 핵심적인 수단으로 여겨져 왔다. 그러나 역설적이게도, 교육은 종종 사회적 불평등을 재생산하고 강화하는 메커니즘으로 작용하기도 한다. 특히 한국 사회에서 이러한 현상은 더욱 두드러지게 나타나고 있으며, 이는 우리 교육 시스템이 직면한 가장 큰 도전 중 하나로 볼 수 있다.

교육이 불평등 재생산의 도구로 작용하는 첫째 방식은 '문화자본'의 차이를 통해서이다. 프랑스의 사회학자 피에르 부르디외(Pierre Bourdieu)가 제시한 이 개념은 상위 계층의 부모들이 자녀에게 전달하는 언어 능력, 문화적 취향, 행동 양식 등이 학교 교육에서 유리하게 작용한다는 것을 설명한다. 한국의 맥락에서 이는 부모의 학력, 직업, 대화 방식 등이 자녀의 학업 성취에 미치는 영향으로 나타난다. 예를 들어 고학력 전문직 부모를 둔 학생들은 풍부한 어휘력, 논리적 사고능력, 세련된 표현 방식 등을 자연스럽게 습득하며, 이는 학교에서 높은 평가를 받는 요소들이라는 것이다.

둘째로, '사회자본'의 차이도 교육을 통한 불평등 재생산에 기여한다. 사회자본은 개인이 속한 사회적 네트워크와 그로부터 얻을 수 있는 자원을 의미한다. 상위 계층의 학부모들은 보다 풍부한 사회적 네트워크를 통해 자녀의 교육에 유용한 정보를 얻고, 이를 활용할 수 있다. 명문대 졸업생 학부모들의 모임은 입시 정보, 학습 방법, 진로 선택 등에 대한 귀중한 정보의 교환 장이 될 수 있으며, 이는 그들의 자녀에게 직접적인 이점으로 작용한다.

셋째, '경제자본'의 차이는 가장 직접적으로 교육 불평등을 재생산한다. 한국 사회에서 이는 주로 사교육 시장을 통해 나타난다. 고소득 가정은 자녀에게 고가의 과외, 학원 수강, 해외 어학연수 등 다양한 교육 기회를 제공할 수 있다. 이러한 추가적인 교육 투자는 공교육에서의 격차를 더욱 벌리는 결과를 낳는다. 특히 대학 입시가 사회적 성공의 주요 관문으로 인식되는 한국 사회에서 이러한 경제적 차이는 결정적인 영향을 미친다.

넷째, 교육 시스템 자체가 불평등을 재생산하는 구조로 작용하기도 한다. 한국의 교육 시스템은 표면적으로는 평등한 기회를 제공하는 것처럼 보이지만, 실제로는 이미 존재하는 불평등을 강화하는 방식으로 작동한다. 수월성 교육이라는 명목하에 운영되는 특수목적고등학교나 자율형 사립고등학교는 결과적으로 상위 계층 자녀들의 엘리트 코스로 기능하는 경우가 많다. 이들 학교는 우수한 교육 환경과 높은 대학 진학률을 바탕으로 교육적 우위를 점하며, 이는 다시 사회경제적 우위로 이어진다.

다섯째, '학력주의'와 '학벌주의'라는 사회적 가치관도 교육을 통한 불평등 재생산에 기여한다. 한국 사회에서는 개인의 능력과 가치를 학력과 출신 학교로 평가하는 경향이 강하다. 이러한 사회적 분위기는 교육에 대한 과도한 투자와 경쟁을 부추기며, 결과적으로 교육 기회의 불평등을 더욱 심화시킨다. 특정 대학 졸업장이 취업과 승진, 사회적 인정에 결정적인 영향을 미치는 현실에서 상위 계층은 자녀의 명문대 진학을 위해 모든 자원을 동원하게 된다.

여섯째, 교육과정과 평가 방식 또한 불평등 재생산의 도구로 작용할 수 있다. 현행 교육과정은 주로 중산층 이상의 문화와 가치관을 반영하고 있으며, 이는 저소득층 학생들에게 불리하게 작용할 수 있다. 또한, 표준화된 시험 위주의 평가 방식은 사교육의 혜택을 받은 학생들에게 유리하게 작용하며, 다양한 배경과 재능을 가진 학생들의 잠재력을 제대로 평가하지 못하는 한계가 있다.

마지막으로 교육을 통한 '계층의 분리'도 불평등 재생산에 기여한다. 학군에 따른 거주지 분리 현상, 특정 학교로의 집중 현상 등은 학생들이 다양한 배경의 또래들과 교류할 기회를 제한한다. 이는 상위 계층 자녀들에게는 자신들의 우월한 지위를 당연시하게 만들고, 하위 계층 자녀들에게는 열등감과 좌절감을 안겨줄 수 있다. 이러한 분리는 장기적으로 사회 통합을 저해하고 계층 간 이해의 폭을 좁히는 결과를 낳는다.

이러한 메커니즘들을 통해 교육은 불평등을 재생산하는 도구로 작용하고 있다. 그러나 이는 결코 교육의 본질적 기능이 아니며, 우리 사회가 극복해야 할 과제이다. 교육이 진정한 사회적 이동성의 통로가 되기 위해서는 이러한 불평등 재생산의 고리를 끊어내는 노력이 필요하다.

이를 위해서는 우선 공교육의 질을 높이고 교육 기회의 실질적 평등을 보장하는 정책이 필요하다. 또한 입시 제도와 평가 방식의 개혁, 사교육 의존도를 낮추기 위한 노력, 교육과 노동시장의 연계 강화 등이 요구된다. 더불어 교육이 단순히 개인의 성공 수단이 아닌 사회 통합과 발전의 도구로 기능할 수 있도록 하는 가치관의 변화도 필요하다.

이러한 과제들은 단기간에 해결될 수 있는 문제가 아니며, 우리 사회 전반의 구조적 변화를 요구한다. 따라서 여기에서는 한국 교육 시스템이 직면한 구체적인 도전 과제들과 그에 대한 개선 방안을 더욱 상세히 살펴보고자 한다. 이를 통해 우리는 교육이 불평등 재생산의 도구가 아닌, 모든 이에게 공정한 기회를 제공하고 사회 발전을 이끄는 진정한 원동력이 될 수 있는 방안을 모색할 수 있을 것이다.

3) 한국 교육 시스템의 도전 과제와 개선 방안

한국의 교육 시스템은 그간 국가 발전의 원동력으로 작용하며 많은 성과를 이루어왔다. 그러나 동시에 여러 구조적 문제점들로 인해 심각한 도전에 직면해 있다. 이러한 도전 과제들은 단순히 교육 영역에 국한된 것이 아니라, 우리 사회의 불평등 구조와 밀접하게 연관되어 있다. 따라서 이를 해결하기 위해서는 교육 시스템 자체의 개혁뿐만 아니라, 사회 전반의 구조적 변화가 필요하다.

첫째, 입시 중심의 교육 시스템은 가장 시급히 해결해야 할 과제이다. 현재의 대학 입시 제도는 학생들의 다양한 재능과 적성을 평가하기보다는, 표준화된 시험 점수에 과도하게 의존하고 있다. 이는 학생들의 창의성과 비판적 사고력 발달을 저해하며, 사교육 의존도를 높이는 주요 원인이 되고 있다. 이를 개선하기 위해서는 학생들의 다양한 역량을 종합적으로 평가할 수 있는 입학 전형 방식의 도입이 필요하다. 예를 들어, 학생부종합전형의 확대와 개선, 수능 절대평가 도입, 특기자 전형의 다양화 등을 고려해볼 수 있다.

둘째, 교육 기회의 불평등 문제를 해결해야 한다. 앞서 살펴본 바와 같이, 가정의 사회경제적 배경에 따른 교육 기회의 격차는 심각한 수준이다. 이를 해소하기 위해서는 교육의 공공성을 강화하는 정책이 필요하다. 구체적으로, 저소득층 학생들을 위한 맞춤형 교육 지원 프로그램의 확대, 교육복지 예산의 증액, 농어촌 및 도시 저소득 지역의 교육 인프라 개선 등이 요구된다. 또한, 고교학점제의 도입과 같은 제도적 변화를 통해 학생들의 진로 선택권을 확대하고, 다양한 교육 경로를 보장할 필요가 있다.

셋째, 사교육 의존도를 낮추는 것이 중요하다. 과도한 사교육은 교육 불평등을 심화시키는 주요 요인이며, 학생들의 전인적 발달을 저해한다. 이를 해결하기 위해서는 공교육의 질을 높이는 것이 선행되어야 한다. 교사의 전문성 강화, 학급당 학생 수 감축, 교육과정의 다양화 등을 통해 공교육의 경쟁력을 높여야 한다. 동시에, 방과 후 학교 프로그램의 질적 개선과 확대, 온라인 교육 플랫폼의 활성화 등을 통해 사교육을 대체할 수 있는 대안을 마련해야 한다.

넷째, 학벌주의와 학력주의의 극복이 필요하다. 이는 단순히 교육 정책만으로는 해결하기 어려운 사회 구조적 문제이다. 노동 시장에서의 학벌 차별을 해소하기 위한 법적 · 제도적 장치의 마련이 필요하다. 예를 들어, 블라인드 채용의 확대, 능력 중심의 인사 시스템 도입 등을 고려할 수 있다. 또한, 직업교육의 강화와 평생교육 시스템의 구축을 통해, 학교 교육 이외의 다양한 경로를 통한 능력 개발과 사회적 인정이 가능한 구조를 만들어야 한다.

다섯째, 교육의 디지털 전환에 대한 대비가 필요하다. 4차 산업혁명 시대의 도래와 함께, 교육 방식의 혁신적 변화가 요구되고 있다. 온라인 교육, AI 기반 맞춤형 학습 등의 도입은 이제 선택이 아닌 필수가 되었다. 그러나 이러한 변화 과정에서 발생할 수 있는 새로운 형태의 교육 격차에 대비해야 한다. 모든 학생들이 디지털 기기와 인터넷에 접근할 수 있도록 보장하고, 디지털 리터러시 교육을 강화해야 한다.

여섯째, 글로벌 시대에 걸맞은 교육 시스템의 구축이 필요하다. 국제화 시대에 맞춰 학생들의 글로벌 역량을 키우는 것이 중요하다. 이를 위해 외국어 교육의 실용성을 높이고, 국제 교류 프로그램을 확대할 필요가 있다. 또한, 다문화 사회로의 변화에 대응하여 다양성을 존중하는 교육, 세계 시민 교육 등을 강화해야 한다.

마지막으로, 교육의 본질적 가치를 회복하는 것이 중요하다. 현재의 교육 시스템은 지나치게 경쟁과 성과 중심으로 흐르고 있다. 이는 학생들의 행복감을 저하시키고, 교육의 본질적 목적인 전인적 성장을 저해한다. 따라서 인성 교육, 민주 시민 교육, 창의성 교육 등을 강화하여, 학생들이 균형 잡힌 인격을 갖춘 사회 구성원으로 성장할 수 있도록 해야 한다.

이러한 도전 과제들을 해결하기 위해서는 교육 정책의 개선뿐만 아니라, 사회 전반의 인식 변화와 구조적 개혁이 필요하다. 특히, 교육의 공공성 강화와 기회의 평등 보장은 우리 사회의 지속 가능한 발전을 위해 반드시

달성해야 할 과제이다.

그러나 이러한 변화는 하루아침에 이루어질 수 없다. 장기적인 비전과 일관된 정책 추진, 그리고 사회 구성원들의 합의와 협력이 필요하다. 또한, 교육 개혁의 과정에서 발생할 수 있는 부작용과 새로운 형태의 불평등에 대해서도 지속적인 모니터링과 대응이 필요할 것이다.

결론적으로, 한국 교육 시스템의 개선은 단순히 교육 영역의 문제가 아니라, 우리 사회의 불평등 구조를 해소하고 지속 가능한 발전을 이루기 위한 핵심적인 과제이다. 교육이 진정한 사회적 이동의 사다리로 기능하고, 모든 구성원에게 공정한 기회를 제공할 때, 우리 사회는 한 단계 더 발전할 수 있을 것이다. 이를 위해 정부, 교육계, 시민사회 등 모든 주체들의 적극적인 참여와 협력이 요구된다.

| 3 | 지역 불평등과 지방의 역설

1) 지역 불평등의 현황과 원인

한국 사회에서 지역 불평등은 오랜 역사를 가진 구조적 문제로, 경제적·정치적·사회문화적 차원에서 복합적으로 나타난다. 이는 단순한 지역 간 격차를 넘어 국가의 지속 가능한 발전과 사회 통합을 위협하는 중요한 과제로 인식되고 있다. 여기서는 한국의 지역 불평등 현황을 살펴보고, 이러한 불평등이 발생하는 원인을 다각도로 살펴보자.

지역 불평등의 가장 두드러진 양상은 수도권과 비수도권 간의 경제적 격차이다. 2023년 기준으로 수도권은 국토 면적의 12%에 불과하지만, 전체 인구의 절반 이상이 거주하며 국내총생산(GDP)의 60% 이상을 차지한다. 이러한 경제력 집중은 일자리, 소득, 생활 수준 등 다양한 측면에서 지역 간 격차를 초래한다. 2022년 통계청 자료에 따르면 서울의 1인당 지역내총생산(GRDP)은 전국 평균의 1.5배에 달하는 반면, 일부 비수도권 지역은 전국 평균의 70% 수준에 머무르고 있다.

이러한 경제적 격차의 주요 원인으로는 산업 구조의 편중을 들 수 있다. 수도권은 고부가가치 서비스업과 첨단 제조업이 집중되어 있는데 비해 비수도권은 전통적인 제조업이나 농업에 의존하는 경향이 있다. 이러한 산업 구조의 차이는 지역 간 경제 성장률의 격차로 이어지며, 결과적으로 경제적 불평등을 심화시킨다. 또한 기업의 수도권 집중 현상도 이러한 격차를 가중시키는 요인이 된다. 2023년 현재 전체 상장기업의 70% 이상이 수도권에 본사를 두고 있으며, 이는 양질의 일자리와 경제적 기회의 지역적 편중을 초래한다.

지역 불평등은 정치적 차원에서도 나타난다. 인구의 수도권 집중은 정치적 대표성의 불균형으로 이어진다. 국회의원 선거구 획정이나 정책 결정 과정에서 수도권의 이해관계가 과대 대표되는 경향이 있으며, 이는 비수도권 지역의 정치적 소외감을 증대시킨다.

또한 중앙 정부와 지방 정부 간의 권한 및 재정 배분의 불균형도 지역 불평등의 주요 원인이 된다. 2023년 기준 전체 국세와 지방세의 비율이 약 8:2로, 지방 정부의 재정 자립도가 매우 낮은 수준이다. 이로 인해 지방 정부는 중앙 정부의 재정 지원에 크게 의존할 수밖에 없으며, 이는 지역 특성에 맞는 자율적인 정책 수립과 집행을 어렵게 만든다.

지역 불평등은 사회문화적 측면에서도 심각한 영향을 미친다. 경제적·정치적 격차로 인한 지방 소멸 위기는 지역 공동체의 붕괴와 문화적 다양성의 상실로 이어진다. 특히 청년층의 수도권 유출은 지방의 인구 고령화를 가속화하며, 이는 지역의 활력과 지속가능성을 저해한다. 2023년 통계청 자료에 따르면 일부 지방 도시의 고령화율은 30%를 넘어서고 있으며, 이는 전국 평균의 두 배에 달하는 수준이다.

이러한 인구 유출과 고령화는 지역의 교육, 의료, 문화 등 기초 생활 인프라의 약화로 이어진다. 수도권에 비해 열악한 교육 환경과 의료 서비스는 다시 인구 유출의 원인이 되는 악순환을 형성한다. 2023년 기준 전국 상위 10개 대학 중 7개가 수도권에 위치하고 있으며, 이는 지방 학생들의 수도권 유입을 가속화하는 요인이 된다.

지역 불평등은 또한 사회적 갈등과 분열을 초래한다. 수도권과 비수도권 간의 격차는 지역 주민들 간의 상호 이해와 연대를 저해하며, 이는 지역주의 정치나 사회적 편견으로 표출되기도 한다. 이러한 갈등은 국가의 사회적 통합을 저해하고, 장기적으로는 국가 경쟁력 약화로 이어질 수 있다.

이처럼 한국의 지역 불평등은 경제적 · 정치적 · 사회문화적 차원에서 복합적으로 나타나는 구조적 문제이다. 이는 산업 구조의 편중, 정치적 대표성의 불균형, 중앙집권적 국가 운영 방식, 인구의 수도권 집중 등 다양한 요인들이 상호작용한 결과이다. 따라서 지역 불평등 해소를 위해서는 종합적이고 장기적인 접근이 필요하며, 이는 단순한 경제적 지원을 넘어 정치 시스템의 개혁, 지방분권의 강화, 사회문화적 다양성의 보존 등을 포함하는 다차원적 전략이 요구된다. 여기에서는 이러한 지역 불평등의 맥락에서 지방자치와 대표성의 문제를 더 자세히 살펴보고자 한다.

2) 지방자치와 대표성 문제

지방자치는 민주주의의 근간을 이루는 중요한 제도로, 지역 주민들이 자신들의 삶과 직결된 문제에 대해 스스로 결정할 수 있는 권리를 보장한다. 한국에서 지방자치제는 1995년 전면 시행된 이래로 꾸준히 발전해 왔지만, 여전히 많은 과제를 안고 있다. 특히 지방의회의 대표성 문제는 지역 불평등과 밀접하게 연관되어 있으며, 이는 지방자치의 실효성과 민주주의의 질을 좌우하는 핵심적인 요소이다.

지방의회의 대표성 문제는 크게 세 가지 차원에서 살펴볼 수 있다. 첫째, 인구 구성의 대표성이다. 2023년을 기준으로 많은 지방의회가 지역 인구 구성을 제대로 반영하지 못하고 있다. 여성과 청년층의 의원 비율이 현저히 낮은 것이 일반적이다. 2022년 전국 지방선거 결과를 보면, 지방의회 의원 중 여성 비율은 평균 30% 수준에 머물러 있으며, 40대 이하 의원의 비율은 20%에도 미치지 못한다. 이는 다양한 연령대와 성별의 목소리가 지방 정책에 충분히 반영되지 못할 수 있음을 시사한다.

둘째, 직업과 계층의 대표성 문제가 있다. 현재 많은 지방의회 의원들이 특정 직업군이나 계층에 편중되어 있는 현상이 나타난다. 2023년 조사에 따르면, 지방의회 의원의 상당수가 전직 공무원, 자영업자, 정당인 출신으로 구성되어 있으며, 노동자, 농민, 전문직 종사자의 비율은 상대적으로 낮다. 이는 다양한 직업군과 계층의 이해관계가 지방 정책에 균형 있게 반영되기 어려운 구조적 한계를 보여준다.

셋째, 지역 내 소수자와 취약계층의 대표성 문제이다. 장애인, 이주민, 성소수자 등 사회적 소수자들의 목소리가 지방의회에서 제대로 대변되지 못하는 경우가 많다. 2023년 현재 전국 지방의회 의원 중 장애인 의원의 비율은 1%에도 미치지 못하는 실정이다. 이는 이들 집단의 특수한 필요와 권리가 지방 정책에 충분히 반영되지 못할 수 있음을 의미한다.

이러한 대표성의 문제는 여러 가지 원인에서 비롯된다. 우선, 선거 제도의 한계를 들 수 있다. 현행 지방선거 제도는 다양한 집단의 대표성을 보장하기 어려운 구조이다. 또한 정당 공천 과정에서의 폐쇄성과 비민주성도 대표성 문제의 주요 원인이 된다. 많은 경우 지역 정치 엘리트들의 이해관계에 따라 공천이 이루어지며, 이는 신진 정치인이나 다양한 배경을 가진 후보들의 진입을 어렵게 만든다.

지방의회의 대표성 부족은 여러 가지 부정적인 결과를 초래한다. 먼저 정책의 편향성이다. 특정 집단의 이해관계만이 과도하게 반영될 경우, 지역 정책이 균형을 잃고 일부 집단에게만 유리한 방향으로 편향될 수 있다.

또한 주민들의 정치적 무관심과 소외감 증대의 문제가 있다. 자신들의 목소리가 대변되지 않는다고 느끼는 주민들은 점차 지방 정치에 무관심해지거나 소외감을 느끼게 된다. 이는 장기적으로 지방자치의 근간을 약화시키는 요인이 된다.

마지막으로 지역 불평등의 심화이다. 대표성이 부족한 지방의회는 지역 내 불평등 문제에 적절히 대응하기 어렵다. 저소득층이나 사회적 약자의 목소리가 충분히 반영되지 않을 경우, 이들을 위한 복지 정책이나 지원 제도가 미흡해질 수 있다. 이는 결과적으로 지역 내 불평등을 더욱 심화시키는 요인이 된다.

지방의회의 대표성 문제를 해결하기 위해서는 다각도의 노력이 필요하다. 우선, 선거 제도의 개혁이 요구된다. 비례대표제의 확대나 쿼터제 도입 등을 통해 다양한 집단의 대표성을 높일 수 있는 방안을 모색해야 한다. 또한 정당의 공천 과정을 더욱 개방적이고 민주적으로 만들어 다양한 배경을 가진 후보들이 공정하게 경쟁할 수 있는 환경을 조성해야 한다.

아울러 시민 참여의 확대도 중요하다. 주민참여예산제, 주민발의제 등 직접 민주주의적 요소를 강화하여 다양한 주민들의 목소리가 정책에 반영될 수 있는 통로를 마련해야 한다. 2023년 현재, 일부 지방자치단체에서 시행 중인 '주민참여형 조례 제정' 사례는 이러한 노력의 좋은 예시가 될 수 있다.

이와 같이 지방의회의 대표성 문제는 단순히 의회 구성의 문제를 넘어

지역 민주주의의 질과 지역 불평등 해소의 핵심적인 과제이다. 진정한 의미의 지방자치를 실현하고 지역 불평등을 완화하기 위해서는 지방의회가 지역 주민들의 다양한 목소리를 균형 있게 대변할 수 있는 구조로 개선되어야 한다. 이는 장기적인 관점에서 한국 사회의 민주주의 발전과 사회 통합에 기여할 것이다. 여기에서는 이러한 지역 불평등과 지방자치의 문제가 지역의 사회문화적 측면에 미치는 영향을 더 자세히 살펴보고자 한다.

3) 지역 불평등의 사회문화적 영향

지역 불평등은 단순히 경제적 지표나 정치적 대표성의 격차에 그치지 않고, 사회문화적 측면에서도 깊은 영향을 미친다. 이는 지역 주민들의 정체성, 공동체 의식, 문화적 다양성, 그리고 사회적 통합에 중대한 영향을 끼치며, 궁극적으로 국가 전체의 사회적 결속력을 약화시키는 요인으로 작용한다. 여기에서는 지역 불평등이 초래하는 사회문화적 영향을 다각도로 살펴보자.

첫째, 지역 불평등은 지역 정체성의 위기를 초래한다. 경제적 기회의 부족과 지속적인 인구 유출로 인해 많은 지방 도시와 농촌 지역이 활력을 잃어가고 있다. 2023년 통계청 자료에 따르면, 전국 228개 시군구 중 45%가 '소멸 위험 지역'으로 분류되었다. 이러한 상황에서 지역 주민들은 자신의 고향에 대한 자부심과 애착을 잃어가며, 이는 지역 정체성의 약화로 이어진다. 2022년 한 연구에서 비수도권 지역 청년의 70% 이상이 "기회가 주어진다면 수도권으로 이주하고 싶다."고 응답했는데, 이는 지역에 대한 애착과 정체성이 약화되고 있음을 보여준다.

둘째, 지역 불평등은 공동체의 해체를 가속화한다. 경제적 기회를 찾아 젊은 층이 도시로 이주하면서 지방의 인구 구조는 급격히 고령화되고 있다. 2023년 기준, 일부 농촌 지역의 고령화율은 40%를 상회하며 이는 전국 평균의 두 배가 넘는 수준이다. 이러한 인구 구조의 변화는 지역 공동체의 활력을 저하시키고 전통적인 사회적 관계망을 약화시킨다. 많은 농촌 지역에서 전통적인 마을 행사나 공동체 활동이 점차 사라지고 있으며, 이는 주민들 간의 유대감과 연대의식을 약화시키는 요인이 된다.

셋째, 지역 문화의 쇠퇴와 문화적 다양성의 상실이다. 각 지역은 고유한 역사와 문화적 전통을 보유하고 있으나, 지역 불평등으로 인한 인구 감소와 경제적 어려움은 이러한 문화적 자산의 보존과 전승을 위협한다. 2023년 문화체육관광부의 조사에 따르면, 비수도권 지역의 문화시설 및 프로그램은 수도권의 60% 수준에 불과하다. 이는 지역 주민들의 문화적 향유 기회를 제한할 뿐만 아니라, 지역 고유의 문화적 정체성을 약화시키는 결과를 낳는다. 많은 지방 도시에서 전통 시장이나 지역 축제가 쇠퇴하고 있으며, 이는 지역의 문화적 다양성을 감소시키는 요인이 된다.

넷째, 교육 기회의 불평등과 인적 자본의 유출이다. 수도권과 비수도권 간의 교육 환경 격차는 지역 불평등을 심화시키는 주요 요인 중 하나이다. 2023년 기준, 서울 소재 대학의 취업률은 전국 평균보다 10%p 이상 높으며, 이는 지방 학생들의 수도권 유입을 가속화하는 요인이 된다. 또한 우수한 교육 인프라와 기회를 찾아 지역의 인재들이 수도권으로 이동하는 '두뇌 유출' 현상은 지역의 혁신 역량과 발전 잠재력을 저하시키는 결과를 낳는다.

다섯째, 사회적 불평등의 심화와 갈등의 증대이다. 지역 간 경제적·교육적 격차는 개인의 생애 기회에 큰 영향을 미치며, 이는 사회적 이동성을 저해하는 요인이 된다. 2022년 한국개발연구원(KDI)의 연구에 따르면, 비수도권 출신이 수도권 출신에 비해 고소득 직업에 진입할 확률이 20% 낮은 것으로 나타났다(한국개발연구원, 2022). 이러한 격차는 지역 간 갈등을 심화시키고, '지역 차별'에 대한 인식을 강화시킨다. 최근 몇 년간 지역

균형 발전을 위한 정책을 둘러싼 수도권과 비수도권 간의 갈등이 증폭되고 있는 현상은 이러한 문제의 한 단면을 보여준다.

마지막으로, 지역 불평등은 민주주의의 질적 저하를 초래할 수 있다. 지역 간 격차가 심화될수록 지역 주민들의 정치적 소외감과 무력감이 증가하며, 이는 정치 참여의 저하로 이어진다. 2022년 지방선거에서 비수도권 지역의 투표율이 수도권보다 평균 5%p 낮았던 것은 이러한 현상을 반영한다. 정치적 참여의 불균형은 결국 정책 결정 과정에서 특정 지역의 이해관계가 과대 대표되는 결과를 낳을 수 있으며, 이는 민주주의의 근간을 위협하는 요소가 될 수 있다.

이러한 사회문화적 영향들은 서로 밀접하게 연관되어 있으며, 복합적으로 작용한다. 지역 정체성의 약화, 공동체의 해체, 문화적 다양성의 상실, 교육 기회의 불평등, 사회적 갈등의 심화 등은 서로 영향을 주고받으며 지역 불평등을 더욱 고착화시키는 악순환을 형성한다.

따라서 지역 불평등 문제의 해결을 위해서는 경제적 · 정치적 측면뿐만 아니라 이러한 사회문화적 차원에 대한 종합적인 접근이 필요하다. 지역의 문화적 자산을 보존하고 발전시키기 위한 정책적 지원, 지역 공동체를 강화하기 위한 프로그램의 확대, 지역 간 교육 격차를 줄이기 위한 노력, 그리고 지역 간 이해와 연대를 증진시키기 위한 문화 교류 프로그램 등이 요구된다. 이러한 노력들이 유기적으로 연계될 때, 우리는 비로소 지역 간 균형 발전과 사회 통합을 이루어낼 수 있을 것이다. 여기에서는 이러한 문제들을 해결하기 위한 구체적인 정책 제안들을 살펴보고자 한다.

4) 한국의 지역 불평등 해소를 위한 정책 제안

지역 불평등 문제는 한국 사회의 지속가능한 발전과 사회 통합을 위협하는 중대한 과제이다. 이는 단순히 경제적 격차를 넘어 정치적 대표성,

사회문화적 영향 등 다차원적인 측면에서 나타나고 있다. 따라서 이를 해결하기 위해서는 종합적이고 장기적인 접근이 필요하다. 여기에서는 한국의 지역 불평등 해소를 위한 구체적인 정책 제안들을 제시해보자.

첫째, 지역 경제 활성화를 위한 산업 구조 개편이 필요하다. 현재의 수도권 중심 경제 구조를 탈피하고, 각 지역의 특성과 강점을 살린 산업 생태계를 구축해야 한다. 2023년부터 시행되고 있는 '지역특화산업육성사업'을 더욱 확대하여, 각 지역의 고유한 자원과 기술을 바탕으로 한 특화 산업을 집중 육성할 필요가 있다. 또한 4차 산업혁명 시대에 부응하는 신(新)산업 클러스터를 비수도권에 전략적으로 조성하여 지역의 혁신 역량을 강화하고 양질의 일자리를 창출해야 한다.

둘째, 실질적인 지방분권 강화가 요구된다. 현재의 중앙집권적 국가 운영 방식에서 벗어나, 지방정부에 더 많은 권한과 재원을 이양해야 한다. 2023년 기준 국세와 지방세의 비율이 8 : 2 수준인 것을 감안할 때, 단계적으로 이를 6 : 4 수준으로 조정하는 것을 목표로 해야 한다. 또한 지방정부의 자체 수입을 확대할 수 있는 제도적 장치를 마련해야 한다. 지방소비세율의 인상, 지방소득세의 독립세 전환 등을 고려할 수 있다. 이를 통해 지방정부가 지역 특성에 맞는 정책을 자율적으로 수립하고 집행할 수 있는 기반을 마련해야 한다.

셋째, 지역 간 교육 격차 해소를 위한 정책이 필요하다. 현재 수도권에 집중된 교육 자원을 지방으로 분산시키는 노력이 요구된다. 지방대학 육성을 위한 '지역혁신성장 선도대학 육성사업'을 확대하고, 지역 특성화 고등교육 기관을 설립하는 등의 정책을 추진할 수 있다. 그리고 원격교육 인프라를 확충하여 지역에 상관없이 양질의 교육을 받을 수 있는 환경을 조성해야 한다. 2023년부터 시범 운영 중인 '온라인 공동교육 과정'을 전국적으로 확대하는 것도 하나의 방안이 될 수 있다.

넷째, 지역 문화의 보존과 발전을 위한 지원이 필요하다. 각 지역의 고유한 문화와 전통은 지역 정체성의 핵심 요소이며, 이를 보존하고 발전시키는 것은 지역 주민들의 자긍심을 높이고 지역 경제를 활성화하는 데 중요한 역할을 한다. 2023년부터 시행된 '지역문화진흥법' 개정안을 바탕으로, 지역 문화재 복원, 전통 예술 지원, 지역 축제와 행사 활성화 등의 정책을 더욱 강화해야 한다. 또한, 지역 문화를 기반으로 한 관광 산업을 육성하여, 지역 경제에 기여할 수 있는 새로운 기회를 창출하는 것이 필요하다.

다섯째, 지역 간 인프라 격차 해소를 위한 공공투자 확대가 필요하다. 교통, 의료, 복지 등 기초 생활 인프라의 지역 간 격차는 여전히 크다. 2023년 국토교통부의 '국가균형발전 프로젝트'를 더욱 확대하여, 비수도권 지역의 교통 접근성을 높이고 의료 · 복지 시설을 확충해야 한다. 특히, 농어촌 지역의 디지털 인프라 구축에 집중 투자하여 정보 격차를 해소하는 것이 시급하다.

여섯째, 지방의회의 대표성 강화를 위한 제도 개선이 필요하다. 현행 선거제도를 개편하여 다양한 계층과 집단의 목소리가 반영될 수 있도록 해야 한다. 비례대표 의석수를 확대하고, 청년 · 여성 · 장애인 등 사회적 약자를 위한 할당제를 도입하는 방안을 고려할 수 있다. 또한 주민참여예산제, 주민발의제 등 직접 민주주의적 요소를 강화하여 지역 주민들의 정책 참여를 확대해야 한다.

일곱째, 수도권 집중 억제 정책의 실효성을 높여야 한다. 현재 시행 중인 '수도권정비계획법'의 실효성을 제고하고, 공공기관 지방 이전 정책을 지속적으로 추진해야 한다. 2023년부터 시행된 '2단계 공공기관 이전 계획'을 차질 없이 이행하고, 더 나아가 민간기업의 지방 이전을 유도하기 위한 인센티브 제도를 강화하는 것이 방법일 수 있다.

마지막으로, 지역 불평등 해소를 위한 사회적 합의 도출이 필요하다. 지역 간 갈등을 완화하고 상호 이해를 증진시키기 위한 다양한 프로그램을 개발해야 한다. 지역 간 청소년 교류 프로그램, 지역 상생 협력 사업 등을 확대하여 지역 간 이해와 협력을 증진시켜야 한다.

이러한 정책들은 개별적으로 추진되기보다는 종합적이고 체계적으로 실행되어야 한다. 또한 단기적 성과에 집착하기보다는 장기적인 관점에서 일관성 있게 추진되어야 한다. 지역 불평등 해소는 단순히 지역 간 격차를 줄이는 것뿐만 아니라 국가의 지속가능한 발전과 사회 통합을 위한 핵심 과제이다. 따라서 중앙정부, 지방정부, 시민사회, 기업 등 모든 사회 구성원들의 협력과 노력이 요구된다.

이처럼 한국의 지역 불평등 문제는 복합적이고 구조적인 성격을 지니고 있어 단기간에 해결하기는 어렵다. 그러나 이를 해결하기 위한 노력은 반드시 필요하며, 이는 우리 사회의 미래를 위한 투자라고 할 수 있다. 앞서 제시한 정책 제안들이 실효성 있게 추진된다면, 우리는 보다 균형 잡힌 국가 발전과 모든 지역 주민들의 삶의 질 향상을 이룰 수 있을 것이다. 이를 통해 지역 간 격차로 인한 사회적 갈등을 완화하고, 진정한 의미의 국가 통합을 이루어낼 수 있을 것이다.

4장

불평등과 정치적 대표성

4장

불평등과 정치적 대표성

| 1 | 정치적 대표성과 불평등

1) 대표성의 개념과 중요성

정치적 대표성의 핵심은 기술적 대표성(descriptive representation)과 실질적 대표성(substantive representation)이다. 이 두 가지 개념은 현대 민주주의 사회에서 중요한 논쟁의 중심에 있으며, 불평등의 문제를 해결하고자 할 때 반드시 고려해야 할 요소들이다.

기술적 대표성은 정치적 대표자가 그가 대표하는 집단의 특성을 물리적으로 반영하는 것을 의미한다. 예를 들어 여성, 청년, 소수 인종, 경제적 약자와 같은 다양한 사회적 그룹이 정치에 참여할 때, 이들은 자신들의 집단적 특성을 가진 대표자를 통해 자신들의 목소리를 더 잘 반영할 수 있다. 기술적 대표성은 단순히 외적인 특성에 그치지 않으며, 이들의 삶의 경험과 사회적 위치가 정치 과정에 반영될 때 실질적인 변화를 이끌어낼 수 있다는 점에서 중요하다.

이에 반해 실질적 대표성은 대표자가 실제로 그들의 유권자나 사회 집단의 이익을 위해 정책을 만들고 행동하는 것을 뜻한다. 실질적 대표성은 단지 선거에서 선출된 것만으로는 달성될 수 없다. 대표자가 그가 속한 사회적 집단의 이익을 효과적으로 반영하고 대변해야만 실질적 대표성이 성립된다.

이러한 두 대표성 개념은 상호 보완적이다. 기술적 대표성이 정치적 과정에서 다양한 사회 집단의 목소리를 더 잘 반영할 수 있는 기초를 제공한다면, 실질적 대표성은 그 목소리가 실제로 정책적 변화로 이어지도록 보장하는 역할을 한다.

한국 사회에서 기술적 대표성과 실질적 대표성의 중요성은 여성할당제와 청년할당제 논의에서 잘 드러난다. 여성할당제는 정치 과정에서 여성의 참여를 확대하여 기술적 대표성을 보장하려는 시도다. 현재 한국 정치에서 여성의 대표성은 여전히 부족하다. 여성들이 그들 자신을 대표할 수 있는 자리에 충분히 서지 못할 경우, 그들의 사회적 요구는 정치적 의사결정 과정에서 소외될 위험이 크다. 이는 실질적 대표성의 부족으로 이어지며, 성별 불평등 문제는 계속해서 지속될 수밖에 없다.

청년할당제 역시 마찬가지다. 청년들은 경제적 · 사회적 어려움을 겪고 있으며, 이들이 처한 상황을 제대로 이해하고 대변할 수 있는 청년 대표자들의 부재는 세대 간 불평등을 심화시킨다. 청년들이 직접 자신들의 목소리를 내고, 그들의 요구를 반영할 수 있는 정치적 장치가 마련되지 않으면, 정책 결정 과정에서 청년들의 이익은 우선순위에서 밀릴 수밖에 없다.

이처럼 기술적 대표성과 실질적 대표성은 불평등 문제를 해결하는 데 필수적이다. 다양한 사회적 배경을 가진 사람들이 정치적 대표자로서 선출되고, 이들이 자신들의 집단적 이익을 대변할 수 있도록 하는 것이 민주주의의 발전을 위해 중요하다. 형식적인 절차에 의해 선출된 대표자들이 실제로 사회적 불평등을 해결하는 데 기여하려면 기술적 대표성의 보장과 함께 실질적 대표성을 담보하는 정치적 시스템이 필요하다.

기술적 대표성과 실질적 대표성은 서로를 보완하며 민주주의의 핵심을 이루는 중요한 개념이다. 한국 사회에서 여성할당제와 청년할당제와 같은 제도적 노력은 단순히 특정 집단의 참여를 확대하는 것 이상의 의미를 가진다. 이는 사회적 불평등을 해결하고 다양한 목소리가 정치적 과정에 반영되도록 하는 데 중요한 역할을 하며, 이를 통해 보다 포용적인 정치가 가능해진다.

표. 여성국회의원 비율 및 각국의 순위

구분	2023. 9.		2024. 9.	
	순위	여성의원 비율(%)	순위	여성의원 비율(%)
스웨덴	10	46.4	10	46.7
노르웨이	11	46.2	18	44.4
네덜란드	28	40.0	32	38.7
오스트리아	30	39.9	25	41.0
독일	46	35.1	47	35.3
영국	49	34.6	27	40.5
미국	70	28.8	75	29.0
대한민국	121	19.1	116	20.0
일본	164	10.3	163	10.8

*주: 양원제를 채택하고 있는 국가의 경우는 하원을 기준으로 비율을 산출

자료: 국제의원연맹(IPU 홈페이지: https://data.ipu.org/women-ranking/)

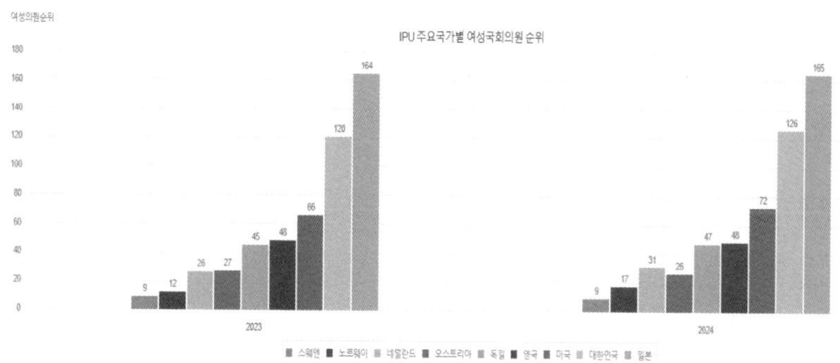

그림. 여성국회의원 비율 및 각국의 순위

*주: 각 연도별 측정 월에 따라 비율과 순위의 변동이 있으나 미미한 수준임
자료: 국제의원연맹(IPU 홈페이지: http://archive.ipu.org/wmn-E/classif-arc.htm)

2) 정치권의 왜곡된 목소리

정치권에서의 대표성은 이론적으로는 모든 시민의 목소리가 균등하게 반영될 것을 요구하지만, 실제로는 특정 계층의 목소리가 과도하게 반영되거나 다른 목소리들이 배제되는 경우가 많다. 이러한 현상을 우리는 정치권의 '왜곡된 목소리'라고 부를 수 있다. 이는 정치 과정에서 특정 집단이 불균형적으로 큰 영향력을 행사하거나, 사회적 약자의 목소리가 체계적으로 무시되는 현상을 가리킨다. 정치적 대표성이 왜곡되면 민주주의는 그 본래의 목적을 잃게 되며, 정치적 불평등은 사회적 불평등을 더욱 고착화시킨다.

왜곡된 대표성은 여러 형태로 나타날 수 있다. 첫째, 경제적 자원에 의한 왜곡이다. 경제적으로 부유한 계층이나 강력한 산업 이익집단은 정치적 자원을 더 많이 보유하고 있으며, 이를 통해 정치 과정에 더 큰 영향을 미친다. 선거 자금 지원, 로비 활동, 언론 매체를 통한 여론 조작 등 다양한 방식으로 정치적 영향력을 행사한다. 이들은 정치적 의제 설정 과정에서 자신의 이익을 관철시키기 위해 조직적으로 활동하며, 결과적으로 그들의 이해관계가 정치적 결정에 불균형적으로 반영된다. 이러한 경제적 자원의 집중은 정치권의 목소리가 특정 계층에 의해 왜곡되는 주요 원인 중 하나이다.

둘째, 제도적 구조에 의한 왜곡이다. 선거 제도나 의회 구조 등 정치적 제도가 특정 집단에게 유리하게 설계되어 있을 경우, 특정 계층이나 지역이 과도하게 대표되거나, 반대로 다른 집단은 과소대표되는 현상이 발생한다. 소선거구제는 특정 지역에 집중된 소수의 이익을 대표하는 후보자들이 당선될 가능성을 높이는 반면, 다수의 유권자들의 다양한 의견을 제대로 반영하지 못할 수 있다. 또한 비례대표제 도입이 제한적이거나, 선거 제도가 불공정하게 운영될 경우, 정치적 대표성의 왜곡은 더욱 심화될 수 있다.

셋째, 사회적 · 문화적 요인에 의한 왜곡이다. 특정 성별, 인종, 종교 또는 사회적 배경을 가진 집단이 정치적 과정에서 체계적으로 배제되는 경우, 정치적 대표성의 왜곡이 발생한다. 여성, 소수 인종, 이민자 등 사회적 약자 집단은 정치적 대표성에서 지속적으로 소외되고 있으며, 이는 이들의 목소리가 정치적 결정에서 충분히 반영되지 못하게 만든다. 이러한 사회적 · 문화적 배제는 정치적 불평등을 초래할 뿐만 아니라, 민주주의의 포용성을 저해하는 심각한 문제를 낳는다.

정치권에서의 왜곡된 목소리는 단순히 특정 집단이 과도한 영향력을 행사하는 것만을 의미하지 않는다. 그것은 더 나아가, 정치적 과정에서 다수의 시민들이 체계적으로 배제되고, 그들의 요구와 필요가 정치적 결정에서 무시된다는 것을 의미한다. 이로 인해 정치권은 전체 국민의 이해를 대변하지 못하고, 특정 계층의 이익만을 대변하는 '부분적 대표성'에 그치게 된다.

정치적 대표성의 왜곡을 바로잡기 위해서는 여러 가지 접근이 필요하다.

경제적 자원이 정치적 영향력으로 직결되지 않도록 하는 제도적 장치가 마련되어야 하며, 선거 제도의 개혁을 통해 다양한 사회적 집단이 공정하게 대표될 수 있도록 해야 한다. 또한 정치적 과정에서 소외된 집단의 목소리를 강화하기 위한 정책적 노력이 필요하다. 이러한 노력을 통해 우리는 민주주의의 질을 높이고 정치적 불평등을 줄이며 궁극적으로는 사회 전체의 공정성을 증진시킬 수 있을 것이다.

3) 한국 정치에서 대표성 문제

한국 정치에서의 대표성 문제는 다양한 형태로 나타나며, 이는 한국 사회의 고질적인 불평등 구조와 맞물려 더욱 심각한 문제로 대두되고 있다. 형식적으로는 민주적 절차에 따라 선거가 이루어지고 있지만, 실질적으로는 특정 계층과 집단의 목소리가 정치적 결정 과정에서 과도하게 반영되는 반면, 다수의 시민들은 제대로 대변되지 못하고 있다. 이는 한국 민주주의의 질적 저하를 초래하고, 사회적 불평등을 더욱 악화시키는 중요한 요인 중 하나이다.

우선 경제적 불평등과 정치적 대표성의 왜곡 문제를 들 수 있다. 한국의 경제적 불평등은 정치적 대표성에서도 그대로 반영되고 있다. 대기업과 고소득층은 강력한 경제적 자원을 바탕으로 정치적 영향력을 행사하고 있으며, 이는 정책 결정 과정에서 이들의 이익이 우선시되는 결과를 초래하고 있다. 반면 저소득층이나 중소기업은 정치적 영향력을 행사할 자원이 부족하여, 이들의 요구는 정치적 과정에서 충분히 반영되지 못하고 있다. 이러한 대표성의 왜곡은 사회적 갈등을 심화시키고, 정치적 불신을 증대시키는 중요한 요인으로 작용하고 있다.

지방과 수도권 간의 대표성 불균형 문제도 심각하다. 한국은 수도권에 인구와 경제적 자원이 집중되어 있으며, 이는 정치적 대표성에서도 수도권 중심의 의사결정이 이루어지는 결과를 낳고 있다. 지방은 상대적으로 인구가 적고 경제적 자원이 부족하기 때문에 정치적 영향력이 수도권에 비해 현저히 낮다. 이는 지역 간 불평등을 심화시키고 지방의 발전을 저해하는 구조적 문제를 초래하고 있다. 특히 지방 소멸 위기가 심각한 상황에서 지방의 목소리가 정치적 과정에서 충분히 반영되지 못하는 것은 한국 민주주의의 중요한 결함으로 지적될 수 있다.

청년층과 노년층 간의 대표성 불균형도 중요한 문제로 대두되고 있다. 한국의 인구 구조는 급속히 고령화되고 있으며, 이로 인해 정치적 결정 과정에서 노년층의 목소리가 강하게 반영되는 경향이 있다. 반면 청년층은 경제적 불안정성과 정치적 무력감으로 인해 정치적 참여가 저조하며, 이들의 요구는 정책 결정에서 소외되기 쉽다. 이러한 세대 간 대표성의 불균형은 장기적으로 사회적 갈등을 증대시키고 세대 간 불평등을 심화시키는 요인이 될 수 있다. 청년층의 정치적 대표성을 강화하고 이들의 목소리를 정책 결정에 반영하는 것이 중요한 과제로 떠오르고 있다.

여성의 정치적 대표성 문제도 한국 정치에서 지속적으로 제기되고 있는 문제이다. 여성의 사회적 지위와 경제적 참여가 확대되고 있음에도 불구하고, 정치적 대표성은 여전히 남성 중심으로 이루어지고 있다. 여성 정치인들의 비율이 낮고, 정치적 결정 과정에서 여성의 목소리가 충분히 반영되지 않는 현실은 성별 불평등을 고착화시키는 요인으로 작용하고 있다. 여성의 정치적 대표성을 강화하기 위한 제도적 개선과 함께 성 평등을 위한 사회적 인식 개선이 절실히 필요하다.

이처럼 한국 정치에서 대표성 문제는 민주주의의 근본적인 가치와 직결된 중요한 과제이다. 다양한 사회적 집단이 정치적 과정에서 공정하게 대표될 수 있도록 하는 것은 단순히 정치적 형평성을 넘어 사회적 통합과 지속 가능한 발전을 위한 필수적인 조건이다. 한국 사회의 구조적 불평등을 해소하기 위해서는 정치적 대표성을 강화하는 제도적 노력이 필요하며, 이를 통해 사회 전반의 불평등을 줄이고, 더 나은 민주주의를 실현할 수 있을 것이다.

| 2 | 정치자금과 권력의 불평등

1) 정치자금의 역할

정치자금은 현대 민주주의에서 불가피한 요소로 자리 잡았다. 선거와 같은 정치적 경쟁에서부터 정당 운영, 정책 개발 및 유권자와의 소통에 이르기까지 모든 정치 활동에는 상당한 자금이 요구된다. 정치자금은 단순히 정치적 메시지를 전달하는 데 그치지 않고, 정치적 실천을 가능하게 하는 도구로서 기능한다. 따라서 정치자금은 정치 체제 내에서 필수적인 자원으로 간주될 수밖에 없다.

먼저 정치자금의 핵심 역할은 후보자나 정당이 자신들의 정책과 비전을 효과적으로 유권자들에게 전달할 수 있도록 지원하는 것이다. 선거 캠페인에서의 광고, 유세, 홍보물 제작 등의 활동은 상당한 비용을 수반하며, 이는 유권자들과의 직접적인 접촉과 메시지 전달을 가능하게 한다. 자금은 단순한 도구가 아니라 정치적 의사소통을 활성화하고 후보자들이 자신들의 입장을 명확히 할 수 있게 하는 매개체로 작동한다.

또한 정치자금은 정당 운영에 필수적인 재원을 제공한다. 정당은 정책 개발, 연구, 홍보 활동 등 다양한 정치적 역할을 수행해야 하며, 이러한 활동들은 모두 일정한 자금이 필요하다. 정책 개발의 경우, 심도 있는 연구와 전문가의 자문을 통해 정책의 실효성을 높이는 과정이 필수적이며, 이는 결국 자금력에 의해 뒷받침된다.

정치자금은 또한 정치 참여의 폭을 넓히는 역할도 한다. 민주주의에서 정치적 경쟁은 필수적이며, 후보자들은 유권자들에게 자신의 정책을 알리고 그들의 지지를 얻기 위해 자금을 활용한다. 이는 정치자금이 단순히 정치인들 사이의 경쟁을 넘어서, 유권자들이 정치적 선택을 할 수 있는 기회를 제공하는 중요한 수단임을 의미한다.

즉 정치자금은 현대 민주주의에서 정치적 의사소통을 가능하게 하고, 정책 개발 및 정당 운영의 필수적인 재원을 제공하는 역할을 한다. 이는 단순한 자원의 문제가 아니라 민주주의 체제 내에서 정치적 경쟁과 참여를 촉진하는 데 중요한 기여를 하는 요소다.

2) 자금력에 따른 정치적 영향력 차이

정치자금의 존재 자체는 정치 활동의 필수적인 요소로 인식되지만, 그 자금이 불평등하게 분배될 때 발생하는 문제는 훨씬 복잡하고 깊은 영향을 미친다. 자금력이 정치적 영향력의 차이를 만들어내는 방식은 정치적 평등의 원칙을 근본적으로 훼손하며, 이는 민주주의의 작동 방식에 큰 도전을 제기한다.

우선 자금력은 정치적 메시지 전달에서 큰 차이를 만들어낸다. 자금력이 풍부한 후보자나 정당은 더 많은 유권자에게 더 강력하고 광범위하게 자신들의 정책을 홍보할 수 있는 기회를 갖는다. 이는 광고, 대규모 유세, 유권자들에게 다가갈 수 있는 다양한 홍보 수단을 통해 이루어지며, 자금이 부족한 후보는 상대적으로 이러한 기회를 얻기 어려운 것이 현실이다. 결과적으로 유권자들은 자금력이 풍부한 후보의 메시지에 더 많이 노출되며, 이는 정치적 의사결정 과정에서 특정 후보에게 유리하게 작용한다.

더 나아가 자금력의 차이는 정치적 의제 설정에도 깊이 개입한다. 경제적 자원을 많이 보유한 대기업이나 고소득층은 자신들의 이해관계를 보호하기 위해 막대한 자금을 정치자금으로 활용한다. 이는 로비 활동이나 후원을 통해 나타나며, 결과적으로 그들의 입장이 정책 결정 과정에서 우선시되는 구조가 만들어진다. 특정 산업에 유리한 규제 완화나 세제 혜택이 이를 대표하는 예로, 자금력 있는 이익집단은 자신들의 의제를 정치적 담론의 중심에 놓을 수 있는 특권을 얻게 된다.

이러한 자금력에 의한 정치적 영향력 차이는 정치적 대표성에도 심각한 영향을 미친다. 자금이 많은 후보나 정당이 선거에서 유리한 위치를 점하게 되면, 이는 특정 계층이나 집단이 정치적 권력을 독점하게 되는 결과를 초래할 수 있다. 이는 전체 시민의 다양한 이해관계가 반영되어야 하는 정치 시스템에서 특정 계층이 과도하게 대표되는 불균형을 만들어내며, 결국 정치적 대표성의 왜곡을 초래한다.

또한 자금력이 풍부한 집단은 선거 이후에도 정책 결정 과정에서 지속적인 영향력을 행사할 수 있다. 정치자금을 제공한 집단은 자신들이 후원한 후보나 정당이 당선된 후에도 그들에게 지속적인 영향력을 행사하려 하며, 이는 그들이 원하는 방향으로 정책이 결정되도록 만드는 구조를 강화한다. 이러한 메커니즘은 정치적 불평등을 심화시키며, 자금력이 부족한 다수의 시민들은 정치적 과정에서 소외되는 결과를 낳는다.

이와 같이 자금력에 따른 정치적 영향력 차이는 단순한 선거 경쟁의 문제를 넘어서, 민주주의의 근본적인 원칙인 정치적 평등을 위협하는 중요한 문제다. 자금력의 불균형은 정치적 의사결정의 공정성을 저해하며, 사회적 불평등을 정치적 영역으로까지 확장시키는 메커니즘을 형성한다. 이러한 문제를 해결하기 위해서는 정치자금의 흐름을 투명하게 관리하고, 자금력에 의한 정치적 영향력 차이를 줄이기 위한 제도적 개혁이 필수적이다.

3) 후원금의 정치

정치 후원금 제도는 현대 민주주의의 작동 메커니즘에서 중요한 위치를 차지한다. 앞서 논의한 정치자금의 일반적 역할과 자금력에 따른 정치적 영향력의 차이를 넘어, 후원금 제도 자체가 가지는 특수성과 그것이 민주주의 체제에 미치는 영향을 살펴볼 필요가 있다.

후원금 제도는 기본적으로 정치인과 유권자 간의 연결고리를 강화하는 기능을 한다. 이는 대의민주주의의 핵심 원리인 '반응성(responsiveness)'과 밀접하게 연관된다. 후원자들은 자신의 정치적 선호를 금전적 지원이라는 형태로 표현하며, 정치인들은 이에 반응하여 해당 유권자들의 이해관계를 대변하게 된다. 이러한 관점에서 후원금 제도는 민주주의의 작동을 위한 하나의 '신호 체계'로 볼 수 있다.

그러나 이 제도는 동시에 '대표성의 왜곡' 문제를 야기할 수 있다. 후원 능력의 차이가 정치적 대표성의 차이로 이어질 경우, 이는 '1인 1표'의 민주주의 원칙을 실질적으로 훼손하게 된다. 특히 한국의 정치 현실에서 이러한 왜곡 현상은 더욱 두드러진다. 예를 들어 2020년 국회의원 선거에서 후원금 상위 10% 후보자들의 당선율은 하위 10% 후보자들에 비해 3배 이상 높았다. 이는 후원금과 선거 결과 사이의 강한 상관관계를 보여주는 단적인 예다.

후원금 제도의 또 다른 중요한 측면은 '정치적 책임성(accountability)'과의 관계다. 이상적으로는 후원금이 정치인의 책임성을 강화하는 기제로 작용할 수 있다. 후원자들은 자신들이 지지하는 정치인의 행동을 모니터링하고, 그 성과에 따라 지속적인 후원 여부를 결정할 수 있기 때문이다.

그러나 현실에서는 오히려 후원금이 정치인들을 특정 이익집단에 종속시키는 결과를 낳기도 한다.

이러한 맥락에서 한국의 '정치자금법'은 후원금 제도의 순기능은 살리되 역기능은 최소화하려는 노력의 산물로 볼 수 있다. 개인의 후원 한도를 연간 2천만 원으로 제한하고, 법인과 단체의 후원을 금지하는 등의 조치는 후원금을 통한 과도한 정치적 영향력 행사를 방지하기 위한 것이다. 그러나 이러한 규제가 충분한지, 혹은 오히려 과도한 것은 아닌지에 대해서는 지속적인 논의가 필요하다.

후원금 제도의 효과는 각 나라의 정치 문화와 제도적 맥락에 따라 다르게 나타난다. 미국의 경우 개인과 단체의 후원금 상한선이 한국에 비해 훨씬 높지만, 이는 오히려 '풀뿌리 민주주의'를 강화하는 수단으로 작용한다는 평가도 있다. 반면 유럽의 많은 국가들은 국가 보조금에 더 큰 비중을 두고 있어, 후원금의 역할이 상대적으로 제한적이다.

후원금 정치의 제도적 함의를 논할 때 간과하지 말아야 할 점은, 이것이 단순히 선거 자금의 문제를 넘어 정치 시스템 전반의 작동 방식에 영향을 미친다는 것이다. 후원금 모금 능력이 뛰어난 정치인들이 당내 경선에서 유리한 위치를 점하게 되면, 이는 정당 내부의 권력 구조와 의사결정 과정에도 영향을 미치게 된다.

또한 후원금 제도는 정책 결정 과정의 투명성과도 밀접한 관련이 있다. 후원금의 출처와 사용 내역이 투명하게 공개되지 않을 경우, 이는 정책 결정의 배후에 있는 이해관계를 파악하기 어렵게 만든다. 이는 결과적으로 민주주의의 핵심 가치인 '정보에 입각한 시민의 선택'을 저해할 수 있다.

이처럼 후원금 정치는 현대 민주주의 체제에서 양날의 검과 같은 존재다. 그것은 정치적 참여와 대표성을 강화할 수 있는 잠재력과 동시에 민주주의의 근간을 위협할 수 있는 위험성을 모두 내포하고 있다. 따라서 후원금 제도의 개선 방향을 모색할 때는 단순히 금액의 상한선을 조정하는 차원을 넘어, 그것이 전체 정치 시스템에 미치는 영향을 종합적으로 고려해야 한다.

우리에게 필요한 것은 후원금 제도의 순기능은 극대화하면서도 그 부작용은 최소화할 수 있는 섬세한 제도적 설계이다. 이를 위해서는 정치학자, 법학자, 경제학자 등 다양한 분야의 전문가들의 지혜를 모으는 것은 물론, 시민사회의 활발한 참여와 감시도 필수적이다. 후원금 정치의 문제는 단순히 돈과 정치의 관계를 넘어, 우리가 지향하는 민주주의의 모습에 대한 근본적인 성찰을 요구하는 것이다.

5장

불평등과 정치참여

5장

불평등과 정치참여

| 1 | 투표참여와 불평등

1) 투표와 정치적 권리: 민주주의의 핵심 메커니즘

투표는 현대 민주주의의 근간을 이루는 핵심적 제도이다. 그러나 단순히 투표권의 법적 보장만으로는 민주주의의 이상을 실현하기 어렵다. 본 절에서는 투표의 실질적 의미와 그것이 정치적 권리로서 갖는 함의, 그리고 불평등한 사회 구조 속에서 투표 참여가 어떻게 왜곡될 수 있는지를 살펴보자.

투표는 단순한 정치적 의사 표현의 수단을 넘어, 사회적 불평등을 완화하거나 심화시킬 수 있는 강력한 기제다. 달(Robert Dahl)이 그의 저서 『민주주의와 그 비판자들(*Democracy and its Critics*)』에서 지적했듯이, 민주주의의 핵심은 '정치적 평등'에 있다(Dahl, 1989). 그러나 형식적 투표권의 보장이 곧바로 정치적 평등으로 이어지지는 않는다. 이는 민주주의 이론과 현실

사이의 간극을 보여주는 대표적인 예라고 할 수 있다.

이 지점에서 우리는 피트킨(Hanna Pitkin)이 제시한 '실질적 대표성(substantive representation)'의 개념에 주목할 필요가 있다. 피트킨은 그의 저서 『대표의 개념(*The Concept of Representation*)』에서 대표성의 여러 차원을 분석하며, 단순히 대표자를 선출하는 형식적 대표성을 넘어 시민들의 이해관계가 실제로 정치 과정에 반영되는 실질적 대표성의 중요성을 강조했다(Pitkin, 1967). 이러한 관점에서 볼 때, 투표권의 실질적 행사는 사회경제적 조건과 밀접하게 연관된다.

예를 들어 비정규직 노동자나 영세 자영업자들은 생계 유지에 대한 부담으로 인해 투표에 참여할 여유를 갖기 어려울 수 있다. 이는 단순히 개인의 선택의 문제가 아니라, 사회 구조적 제약의 결과다. 버바와 나이(Verba and Nie)는 그들의 고전적 연구 "Participation in America"에서 사회경제적 지위가 높을수록 정치 참여도가 높아지는 경향이 있음을 실증적으로 밝혔다. 이러한 현상은 한국 사회에서도 지속적으로 관찰되고 있다(Verva & Nie, 1972).

한국의 맥락에서 이 문제는 더욱 복잡한 양상을 띤다. 민주화 이후 투표권의 중요성이 강조되었지만, 투표 참여의 계층 간 격차는 여전히 존재한다. 특히 청년층과 저소득층의 낮은 투표 참여율은 한국 정치의 대표성 문제를 심화시키고 있다. 중앙선거관리위원회의 자료에 따르면, 2022년 제20대 대통령 선거에서 20대의 투표율은 77.1%로, 60대 이상의 83.9%에 비해 현저히 낮았다. 이는 단순히 투표율의 문제를 넘어, 정책 결정 과정에서 특정 계층의 이해관계가 과소대표되는 결과로 이어질 수 있다(중앙선거관리위원회, 2022).

특히 주목할 만한 것은 투표 참여의 불평등이 정치적 대표성의 왜곡으로 이어진다는 점이다. 슐로즈만과 동료들(Schlozman et al.)은 그들의 연구

"The Unheavenly Chorus"에서 저소득층의 낮은 투표 참여율이 이들의 정책 선호가 정치 의제에 반영되기 어렵게 만든다는 점을 지적했다(Schlozman, Verba & Brady, 2012). 이는 민주주의가 오히려 불평등을 심화시키는 역설적 상황을 초래할 수 있다. 바텔스(Bartels)가 "Unequal Democracy"에서 분석했듯이 정책 결정자들은 투표에 참여하는 유권자들의 선호에 더 민감하게 반응하는 경향이 있기 때문이다(Bartels, 2008).

이러한 현상은 한국에서도 관찰된다. 최근의 연금 개혁 논의에서 청년층의 입장이 충분히 반영되지 못했다는 비판이 제기되었는데, 이는 부분적으로 청년층의 낮은 정치 참여율과 연관된 것으로 볼 수 있다. 또한 비정규직 노동자들의 권리 보호 문제가 정책 의제에서 후순위로 밀리는 현상도 이들의 낮은 투표 참여율과 무관하지 않다.

투표 참여의 불평등은 장기적으로 정치 시스템 전반의 정당성을 위협할 수 있다. 퍼트넘(Putnam)이 "Bowling Alone"에서 지적했듯이 시민 참여의 감소는 사회적 자본의 약화로 이어지며, 이는 민주주의의 건강성을 해칠 수 있다(Putman, 2000). 한국의 맥락에서 이는 특히 중요한 의미를 갖는다. 민주화 이후 형식적 민주주의는 달성했지만, 실질적 민주주의의 심화라는 과제가 여전히 남아있기 때문이다.

투표와 정치적 권리의 문제는 형식적 권리 보장을 넘어 실질적 행사의 조건을 살펴봐야 한다. 이는 단순히 선거제도의 개선만으로는 해결되기 어려우며, 보다 근본적인 사회경제적 구조의 변화를 요구한다. 예를 들어 투표일의 공휴일 지정, 사전 투표 제도의 확대, 정치 교육의 강화 등이 고려될 수 있다.

그러나 이러한 제도적 개선과 함께 시민들의 정치 효능감을 높이고 참여 동기를 강화하는 노력도 병행되어야 한다.

우리의 과제는 이러한 구조적 제약을 정확히 진단하고, 모든 시민이 실질적으로 동등한 정치적 권리를 행사할 수 있는 방안을 모색하는 것이다. 이는 단순히 학문적 탐구의 대상을 넘어 우리 사회의 민주주의 질을 제고하기 위한 실천적 과제이기도 하다. 투표 참여의 불평등 문제는 단순히 선거의 문제가 아니라, 사회 정의와 민주주의의 본질에 관한 근본적인 질문을 제기한다.

따라서 이에 대한 해결책을 모색하는 과정에서 우리는 끊임없이 '민주주의란 무엇인가', '정치적 평등은 어떻게 실현될 수 있는가'라는 질문을 던져야 할 것이다.

2) 부의 영향과 투표참여

부의 영향과 투표참여 간의 관계는 현대 민주주의 체제에서 정치적 평등의 실현 여부를 가늠할 수 있는 중요한 지표이다. 경제적 자원이 정치적 영향력으로 전환되는 메커니즘을 이해하는 것은 민주주의의 질적 수준을 평가하는 데 핵심적인 요소라 할 수 있다. 이 주제에 관한 기존 연구들은 주로 소득을 중심으로 경제적 지위와 투표참여의 관계를 분석해왔다.

그러나 한국의 맥락에서 부의 개념은 소득에 국한되지 않으며, 특히 부동산 자산이 차지하는 비중이 상당하다. 따라서 우리는 소득과 함께 부동산 자산을 포함한 보다 포괄적인 '부'의 개념을 바탕으로 투표참여와의 관계를 살펴볼 필요가 있다.

김은경(2022)의 연구는 이러한 관점에서 제21대 국회의원선거를 대상으로 서울시 행정동 단위의 분석을 시도했다. 이 연구의 결과를 살펴보면 다음과 같다.

표 5-1. 행정동별 투표참여 결정 요인에 대한 회귀분석 결과

변수		회귀계수	표준오차
부의 영향	연소득 금액(로그)	5.25***	1.38
	아파트 평당 가격(로그)	2.70**	1.26
	아파트 비율(%)	.076***	.01
부의 격차	아파트 가격 분산(로그)	-.73***	.23
	SH임대아파트 비율	.017	.01
인구수(로그)		-2.66***	.590
고령자 비율(%)		-.16	.09
여성 비율(%)		.512***	.16
외국인 비율(%)		-.253***	.06
현직자 출마 여부		.19	.68
상수		11.18	17.16
전체관측치 / 그룹수		420 / 25	
R-squared		0.7289***	

*** p<0.01, ** p<0.05, * p<0.1
자료: 김은경(2022)

위의 표는 행정동 단위에서 투표 참여율에 영향을 미치는 다양한 변수들의 관계를 실증적으로 분석한 결과를 제시하고 있다. 이 표는 특히 소득, 자산, 주거 형태와 같은 경제적 요인들이 투표 참여에 미치는 영향을 중심으로 설명하고 있으며, 이를 통해 한국 사회에서 경제적 불평등이 정치적 참여의 불평등으로 어떻게 이어질 수 있는지를 보여준다.

특히 부의 영향과 투표참여 간의 관계를 명확히 보여준다. 연소득 금액과 아파트 평당 가격, 그리고 아파트 비율 모두 투표율과 정(+)의 관계를 나타내고 있으며, 이는 통계적으로 유의미한 수준이다.

이러한 결과는 '상대적 권력 이론'에 기반한 이탈가설을 지지하는 것으로, 경제적 자원이 풍부한 집단이 정치과정에 더 적극적으로 참여한다는 주장과 일치한다. 이는 단순히 투표참여의 불평등을 보여주는 것에 그치지 않는다. 이는 정치적 대표성의 왜곡으로 이어질 수 있는 중요한 문제다.

이러한 관계를 시각적으로 더 명확히 이해하기 위해, 다음의 그림을 살펴보자.

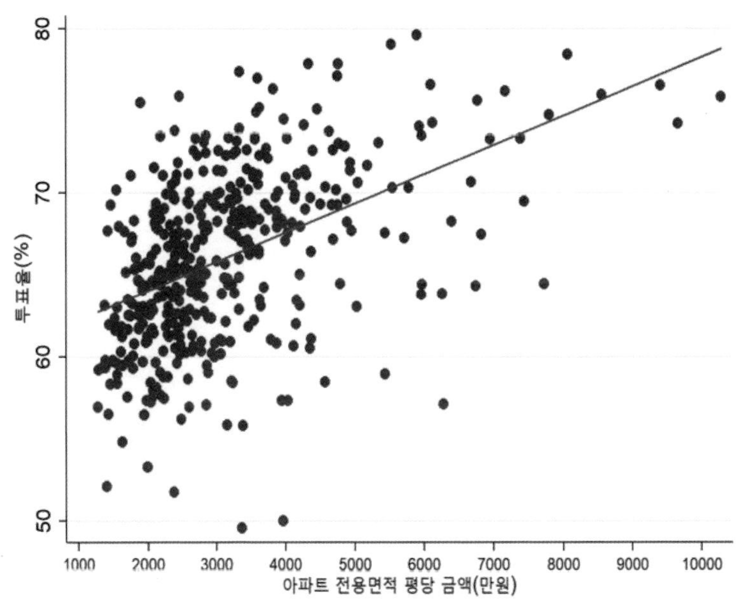

그림. 아파트 평당 금액과 투표율의 산점도와 회귀선

자료: 김은경(2022)

이 그림에서 우리는 아파트 평당 가격과 투표율 사이의 뚜렷한 정의 관계를 확인할 수 있다. 이는 부동산 자산이 높은 지역일수록 투표 참여가 활발하다는 것을 시각적으로 보여준다.

이러한 현상은 여러 가지 측면에서 해석될 수 있다. 첫째, 경제적으로 여유 있는 계층은 정치 과정에 참여할 시간적 · 물질적 여유가 더 많을 수 있다. 둘째, 이들은 현 체제에서 더 큰 이해관계를 가지고 있어, 정치

참여에 대한 동기가 강할 수 있다. 셋째, 교육 수준이나 정보 접근성이 높아 정치적 효능감이 더 클 수 있다.

그러나 이러한 현상은 민주주의의 근간인 '1인 1표' 원칙이 형식적 평등에 그치고, 실질적인 정치적 평등의 실현에는 한계가 있음을 시사한다. 즉 경제적으로 여유 있는 계층의 이해관계가 정책 결정 과정에 과대 대표될 가능성이 높아지는 것이다.

한편, 이러한 부의 영향과 투표참여의 관계는 선거의 종류나 시기, 그리고 정치적 · 사회적 맥락에 따라 다르게 나타날 수 있다. 예를 들어 경제 위기 시기에는 오히려 저소득층의 정치적 동원이 더 활발히 이루어질 가능성도 있다. 따라서 이 주제에 대한 연구는 장기적이고 다각적인 관점에서 지속적으로 이루어져야 할 것이다.

부의 영향이 투표참여에 미치는 영향에 대한 이해는 현대 민주주의의 작동 원리를 파악하는 데 필수적이다. 이는 단순히 학문적 관심사에 그치지 않고, 정치적 평등의 실현을 위한 제도적 개선의 기초가 될 수 있다. 저소득층의 정치참여를 높이기 위한 다양한 정책적 노력이나, 정치자금법의 개정 등을 통해 경제력과 정치적 영향력 간의 관계를 조절하는 방안을 고려해볼 수 있을 것이다.

우리는 이러한 연구 결과를 바탕으로 경제적 불평등이 정치적 불평등으로 이어지는 고리를 끊기 위한 노력을 계속해야 한다. 이는 민주주의의 질적 향상과 사회 통합을 위한 중요한 과제라 할 수 있다. 향후 연구에서는 더 다양한 경제적 지표와 정치참여 형태를 고려하여, 부의 영향과 정치참여 간의 관계를 더욱 종합적으로 분석할 필요가 있다. 또한 이러한 관계가 시간에 따라 어떻게 변화하는지, 그리고 다른 나라들과 비교했을 때 한국의 특수성은 무엇인지 등에 대한 연구도 필요할 것이다.

3) 부의 격차와 투표참여

부의 격차가 투표참여에 어떤 영향을 미치는지를 분석하는 것은 민주주의가 실제로 작동하는 방식과 그 한계를 이해하는 데 중요한 단서를 제공한다. 경제적 불평등이 심화되는 상황에서 이것이 정치적 참여의 불평등으로 이어지는지, 그리고 그 과정에서 어떤 메커니즘이 작동하는지를 파악하는 것은 정치학의 중요한 과제라 할 수 있다.

김은경(2022)의 연구는 이러한 맥락에서 부의 격차를 측정하는 변수로 아파트 가격 분산과 임대아파트 비율을 활용하여 분석을 시도했다. 이는 한국 사회에서 부동산, 특히 아파트가 부의 불평등을 가장 잘 보여주는 지표라는 점을 고려한 것이다.

〈표 5-1〉에서 우리는 아파트 가격 분산이 투표율과 통계적으로 유의미한 부(-)의 관계를 나타내고 있음을 확인할 수 있다. 이러한 결과는 '상대적 권력 이론(relative power theory)'에 기반한 이탈가설(exit hypothesis)을 지지하는 것으로 해석할 수 있다. 이 이론에 따르면, 경제적 자원의 불평등한 분배는 정치적 자원의 불평등한 분배로 이어지며, 이는 결과적으로 정치 참여의 불평등을 야기한다. 특히 경제적 자원이 부족한 집단은 정치 과정에 영향을 미칠 수 있는 가능성이 낮다고 인식하게 되어 정치 참여에 소극적이 되는 경향이 있다.

이러한 현상을 더 깊이 이해하기 위해, 다음의 구체적인 사례를 살펴보자.

표 5-2. 행정동 사례 분석

행정동	투표율(%)	아파트 평당 가격(만원)	아파트 가격 분산(만원)
서초구 반포2동	76.6	3139	11226875
강남구 역삼1동	49.5	3214	839909045

자료: 김은경(2022)

이 표는 서초구 반포2동과 강남구 역삼1동의 사례를 비교하고 있다. 두 지역의 아파트 평당 가격은 각각 3,139만 원과 3,214만 원으로 비슷한 수준이지만, 투표율에서는 76.6%와 49.5%로 상당한 차이를 보인다. 이러한 차이의 주요 원인으로 아파트 가격 분산을 들 수 있다. 역삼1동의 아파트 가격 분산(8조 3,990억 9,045만 원)이 반포2동(1,122억 6,875만 원)에 비해 훨씬 크다는 것은 역삼1동 내에서 부동산 자산의 불평등이 더 심하다는 것을 의미한다. 이러한 불평등의 심화가 투표참여의 저하로 이어진 것으로 해석할 수 있다.

이러한 현상은 다양한 이론적 관점에서 해석될 수 있다. 첫째, 사회적 자본 이론(social capital theory)의 관점에서 볼 때, 경제적 불평등이 심한 지역에서는 사회적 연대감과 신뢰가 약화되어 정치참여에 대한 동기가 줄어들 수 있다. 퍼트넘(Putnam, 2000)이 지적했듯이 사회적 자본의 약화는 시민참여의 감소로 이어질 수 있다.

둘째, 정치적 효능감 이론(political efficacy theory)의 관점에서 불평등이 심한 지역의 저소득층은 정치적 효능감이 낮아져 투표를 통해 자신들의 처지가 개선될 것이라는 기대를 하지 않을 수 있다. 캠벨 등(Campbell et al., 1954)의 고전적 연구 이래 정치적 효능감이 정치참여에 미치는 영향은 꾸준히 입증되어 왔다.

셋째, 자원동원 이론(resource mobilization theory)에 따르면, 불평등한 환경에서는 정치적 동원의 네트워크가 약화되어 투표 참여를 독려하는 사회적 압력이 줄어들 수 있다. 버바 등(Verba et al., 1995)이 주장했듯이 정치참여에는 시간, 돈, 시민적 기술 등의 자원이 필요한데, 이러한 자원의 불균등한 분포는 참여의 불평등으로 이어질 수 있다.

그러나 이러한 해석에는 주의가 필요하다. 부의 격차와 투표참여의 관계는 복잡한 사회경제적 맥락 속에서 형성되며, 다양한 요인들이 개입할 수 있기 때문이다. 알레시나와 라 페라라(Alesina and La Ferrara, 2000)의 연구에서 지적되었듯이 불평등이 심한 지역에서 오히려 재분배 정책에 대한 요구가 높아져 정치참여가 증가할 수 있다는 반대의 가능성도 존재한다.

또한 본 연구에서 사용된 아파트 가격 분산이라는 지표가 부의 격차를 온전히 반영하지 못할 수 있다는 한계도 고려해야 한다. 금융자산이나 기타 부동산 등 다른 형태의 자산은 이 지표에 포함되지 않았다. 따라서 향후 연구에서는 보다 종합적인 부의 격차 지표를 개발하고 활용할 필요가 있다.

이러한 한계에도 불구하고 본 연구 결과는 부의 격차가 단순히 경제적 문제를 넘어 정치적 대표성의 불균형으로 이어질 수 있음을 시사한다. 즉 경제적으로 불평등한 지역일수록 정치적 소외 현상이 심화되어, 결과적으로 그 지역의 다양한 목소리가 정치 과정에 반영되지 못할 가능성이 높아지는 것이다. 이는 바텔스(Bartels, 2008)가 지적한 '불평등한 민주주의(unequal democracy)'의 한 단면을 보여주는 것이라 할 수 있다.

이러한 문제를 해결하기 위해서는 다각도의 접근이 필요하다. 우선 경제적 불평등 해소를 위한 정책적 노력이 지속되어야 한다. 그리고 저소득층의 정치참여를 독려하기 위한 시민교육 강화와 투표 접근성 개선이 필요하다. 또한 다양한 계층의 목소리를 정책에 반영할 수 있는 참여 민주주의적 제도의 확충이 요구된다.

향후 연구에서는 이 주제에 대한 더욱 다각적이고 종합적인 접근이 필요하다. 예를 들어 시계열 분석을 통해 부의 격차와 투표참여 간의 관계가 시간에 따라 어떻게 변화하는지 살펴볼 수 있을 것이다. 또한 질적 연구를 통해 불평등한 환경에서 사람들의 정치참여에 대한 인식과 태도가 어떻게 형성되는지 깊이 있게 탐구할 필요가 있다. 더불어 국제 비교 연구를 통해 한국의 상황이 다른 나라들과 어떻게 다른지, 그리고 그 차이를 만들어내는 요인은 무엇인지 분석해볼 수 있을 것이다.

부의 격차가 투표참여에 미치는 부정적 영향은 민주주의의 근간을 위협할 수 있는 심각한 문제이다. 이는 단순히 투표율의 문제를 넘어, 정치적 대표성과 정책 결정 과정의 공정성에 관한 문제로 확장된다. 따라서 이 주제에 대한 지속적인 학문적 탐구와 정책적 노력이 필요하며, 이를 통해 우리 사회의 정치적 평등을 제고하고, 더 나아가 경제적 불평등 해소를 위한 정책적 기반을 마련할 수 있을 것이다.

| 2 | 주민참여와 불평등

1) 주민참여의 의의와 현황

주민참여는 현대 민주주의의 근간을 이루는 핵심적 요소로, 대의제 민주주의의 한계를 보완하고 시민의 자치 역량을 강화하는 중요한 기제다. 이는 단순히 선거를 통해 대표자를 선출하는 것을 넘어, 시민들이 일상적인 정책 결정과 집행 과정에 직접 개입하는 것을 의미한다. 주민참여의 의의는 크게 세 가지 차원에서 논의될 수 있다.

첫째, 주민참여는 정치적 정당성(political legitimacy)을 강화한다. 현대 민주주의 이론에서 정당성의 개념은 단순히 다수결의 원칙이나 법적 절차의 준수를 넘어선다. 독일의 철학자 위르겐 하버마스(Jürgen Habermas)가 주장한 바와 같이 현대 민주주의에서 정당성은 시민들의 지속적인 참여와 숙의 과정을 통해 형성된다. 이는 '의사소통적 권력(communicative power)'의 개념으로 설명될 수 있는데, 시민들이 공적 영역에서 자유롭게 의견을 교환하고 합의를 도출하는 과정에서 정치적 정당성이 생성된다는 것이다(Habermas, 1996). 주민참여는 이러한 과정을 제도화함으로써 정책 결정의 정당성을 높이고, 궁극적으로 민주주의의 질을 향상시킨다.

둘째, 주민참여는 정치적 효능감(political efficacy)을 증진시킨다. 정치적 효능감이란 개인이 정치 과정에 영향을 미칠 수 있다고 믿는 정도를 의미한다. 이는 내적 효능감(internal efficacy)과 외적 효능감(external efficacy)으로 구분될 수 있는데, 내적 효능감은 개인이 정치를 이해하고 참여할 능력이 있다고 믿는 정도를, 외적 효능감은 정부나 정치 체제가 시민의 요구에 반응할 것이라고 믿는 정도를 의미한다. 주민들이 지역사회 문제 해결에 직접 참여하는 경험은 이 두 가지 차원의 효능감을 모두 높일 수 있다. 예를 들어 주민참여예산제에 참여하여 자신의 제안이 실제 정책으로 반영되는 것을 경험한 시민은 자신의 정치적 능력에 대한 자신감(내적 효능감)과 함께 정부의 반응성에 대한 신뢰(외적 효능감)를 동시에 높일 수 있다. 이렇게 증진된 정치적 효능감은 다시 더 적극적인 참여로 이어지는 선순환을 만들어낸다.

셋째, 주민참여는 사회적 자본(social capital)을 강화한다. 사회적 자본이란 개인 간 또는 집단 간의 협력을 가능하게 하는 신뢰, 규범, 네트워크 등을 총칭하는 개념이다. 미국의 정치학자 로버트 퍼트넘(Robert Putnam)이 지적했듯이, 시민들의 자발적 참여와 협력은 신뢰와 호혜성의 규범을 형성하고, 이는 사회 전체의 효율성을 높이는 데 기여한다. 마을 만들기 사업에 참여한 주민들은 이 과정에서 서로를 알게 되고, 공동의 목표를 위해 협력하는 경험을 하게 된다. 이러한 경험은 참여자들 사이의 신뢰를 형성하고, 향후 다른 지역 문제에 대해서도 협력할 수 있는 기반이 된다. 이렇게 형성된 사회적 자본은 지역사회의 문제 해결 능력을 높이고, 나아가 민주주의의 공고화에 기여한다(Putnam, 2000).

주민참여의 형태는 매우 다양하다. 가장 기본적인 형태로는 선거와 주민투표가 있으며, 이는 주민들이 직접 정책을 결정하거나 대표자를 선출하는 방식이다. 그러나 현대 민주주의에서 주민참여는 이러한 전통적 형태를 넘어 다양한 방식으로 확장되고 있다. 주민참여예산제는 지방정부의 예산 편성 과정에 주민들이 직접 참여하여 의견을 제시하고 우선순위를 결정하는 제도다. 또한 각종 위원회나 공청회 등을 통해 정책 결정 과정에 주민들의 의견을 반영하는 방식도 있다. 최근에는 온라인 플랫폼을 활용한 참여 방식도 증가하고 있는데, 이는 시간과 공간의 제약을 극복하고 더 많은 시민들의 참여를 가능하게 한다.

한국에서 주민참여의 제도화는 1995년 지방자치제 전면 실시 이후 본격화되었다. 2003년 주민투표법 제정을 시작으로, 2004년 주민소환에 관한 법률, 2005년 주민소송제 도입 등 주민참여를 위한 제도적 기반이 마련되었다. 2011년에는 주민참여예산제가 지방재정법에 의해 의무화되었고, 이는 주민들이 지방정부의 예산 편성 과정에 직접 참여할 수 있는 길을 열었다. 최근에는 숙의민주주의 모델을 적용한 공론화 위원회 등도 시도되고 있는데, 이는 신고리 5, 6호기 건설 여부를 결정하는 과정에서 처음 도입되어 주목을 받았다.

그러나 이러한 제도적 발전에도 불구하고, 한국의 주민참여는 여전히 많은 과제를 안고 있다. 먼저 참여의 형식화 문제다. 많은 경우 주민참여가 실질적인 영향력 없이 형식적으로만 이루어지고 있다는 비판이 제기된다. 주민참여예산제의 경우 실제 주민들이 결정할 수 있는 예산의 비중이 매우 제한적인 경우가 많다. 다음으로 참여의 대표성 문제가 있다. 주민참여 과정에 참여하는 시민들이 얼마나 전체 주민을 대표할 수 있는가에 대한 의문이 제기된다. 특히 시간적 · 경제적 여유가 있는 특정 계층의 참여가 두드러지는 현상은 주민참여의 형평성 문제를 야기한다. 마지막으로 참여 역량의 부족 문제가 있다. 복잡한 정책 결정 과정에 효과적으로 참여하기 위해서는 일정 수준의 지식과 경험이 필요한데, 많은 시민들이 이러한 역량을 갖추지 못하고 있다는 지적이 있다.

이러한 문제들을 해결하기 위해서는 다음과 같은 노력이 필요하다. 첫째, 주민참여의 실질화를 위한 제도적 개선이 이루어져야 한다. 참여의 결과가 실제 정책에 반영되는 구조를 만들고, 참여 과정의 투명성을 높여야 한다. 둘째, 참여의 대표성을 높이기 위한 노력이 필요하다. 다양한 계층과 집단의 참여를 독려하고, 참여에 따른 보상이나 인센티브를 제공하는 방안을 고려할 수 있다. 셋째, 시민교육의 강화를 통해 참여의 역량과 동기를 높여야 한다. 이는 학교 교육에서부터 성인 평생교육에 이르기까지 광범위하게 이루어져야 하며, 단순한 지식 전달을 넘어 실제 참여 경험을 제공하는 방향으로 설계되어야 한다.

주민참여는 현대 민주주의의 질적 향상을 위한 핵심적 요소다. 그러나 참여의 형식화, 대표성 부족, 역량 부족 등의 문제는 주민참여가 오히려 기존의 불평등을 강화할 수 있다는 역설적 상황을 초래할 수 있다. 따라서 주민참여의 활성화와 함께 참여의 질을 높이고 평등성을 확보하는 것이 향후 한국 민주주의 발전의 중요한 과제가 될 것이다. 이를 위해서는 제도적 개선, 시민교육 강화, 그리고 참여 문화의 확산 등 다각적인 노력이 필요할 것이다.

2) 참여의 불평등: 누가 참여하고, 누가 배제되는가?

주민참여는 민주주의의 핵심 가치인 포용과 평등의 실현을 위한 필수적 요소다. 그러나 현실에서 주민참여는 이상과 괴리를 보이는 경우가 많다. 특히 사회경제적 불평등이 주민참여의 기회를 불균등하게 분배하고, 특정 집단의 과대대표와 다른 집단의 구조적 배제를 초래하는 상황은 주목할 만하다. 이러한 참여의 불평등은 민주주의의 질적 저하를 야기하고, 궁극적으로 사회적 불평등을 심화시키는 악순환을 낳는다.

참여의 불평등을 이해하기 위해서는 먼저 정치참여의 개념을 명확히 할 필요가 있다. 정치참여는 "일반 시민들이 정부의 정책 결정에 영향을 미치거나 정책 결정자를 선택하려는 의도로 행하는 모든 자발적 행위"로 정의된다(Verba and Nie, 1972). 이러한 정의에 따르면, 정치참여는 투표에서부터 집회 참가, 청원 서명, 지역사회 활동 등 광범위한 행위를 포함한다. 주민참여는 이 중에서도 특히 지방정부 수준에서 이루어지는 정치참여를 지칭한다고 볼 수 있다.

참여의 불평등 문제는 정치학에서 오랫동안 중요한 연구 주제였다. 이는 민주주의의 근본 가치인 정치적 평등과 직결되는 문제이기 때문이다. 달(Dahl, 1989)이 지적했듯이 정치적 평등은 민주주의의 핵심 기준 중 하나이다. 그러나 현실에서 우리는 정치참여의 기회와 결과가 불균등하게 분포되어 있음을 관찰할 수 있다. 이러한 불평등은 다양한 요인에 의해 발생하며, 복잡한 메커니즘을 통해 지속 및 심화된다.

참여의 불평등을 야기하는 첫 번째 요인은 사회경제적 지위(Socio-economic Status, SES)의 차이다. 버바와 나이(Verba and Nie 1972)의 고전적 연구 이래 사회경제적 지위와 정치참여 간의 강한 상관관계는 지속적으로 확인되어 왔다. 이는 '자원 모델(Resource Model)'로 설명될 수 있는데, 높은 사회경제적 지위는 시간, 돈, 시민적 기술(civic skills) 등 참여에 필요한 자원을 더 많이 제공한다는 것이다. 고소득층은 정치참여에 필요한 시간적 여유를 더 많이 가질 수 있으며, 고학력자는 정책 이슈를 이해하고 자신의 의견을 표현하는 데 필요한 능력을 더 잘 갖추고 있다.

한국의 맥락에서도 이러한 현상은 뚜렷이 관찰된다. 주민참여예산제

참여자들의 인구통계학적 특성을 분석한 연구들은 대체로 중산층 이상, 고학력자, 40~50대의 참여가 두드러짐을 보고하고 있다(김정희 2016). 이는 주민참여가 오히려 기존의 사회경제적 불평등을 강화할 수 있다는 우려를 제기한다.

두 번째 요인은 정치적 관심과 효능감의 차이이다. 정치적 관심은 정치참여의 중요한 예측 변수로 알려져 있다(Verba et al., 1995). 정치적 효능감 또한 참여에 큰 영향을 미치는데, 이는 내적 효능감(자신의 정치적 능력에 대한 자신감)과 외적 효능감(정치 체제의 반응성에 대한 믿음)으로 구분될 수 있다. 문제는 이러한 정치적 관심과 효능감이 사회경제적 지위와 밀접한 관련이 있다는 점이다. 즉 높은 사회경제적 지위는 정치적 관심과 효능감을 높이고, 이는 다시 정치참여의 증가로 이어지는 순환 구조가 형성된다.

세 번째 요인은 사회적 네트워크의 차이이다. 퍼트넘(Putnam, 2000)의 연구는 사회적 자본, 특히 결사체 참여가 정치참여를 증진시킴을 보여주었다. 사회적 네트워크는 정치 정보의 흐름을 촉진하고 참여에 대한 사회적 압력을 생성하며, 집단적 행동을 조직하는 데 필요한 기반을 제공한다. 그러나 이러한 사회적 네트워크 역시 불균등하게 분포되어 있으며, 종종 사회경제적 지위와 연관되어 있다.

네 번째 요인은 제도적 장벽이다. 형식적으로는 모든 시민에게 열려 있는 참여의 기회가 실질적으로는 특정 집단에게 불리하게 작용할 수 있다. 주민참여 프로그램이 주로 평일 낮 시간에 이루어진다면, 이는 정규직 노동자들의 참여를 어렵게 만든다. 또한 온라인 참여 플랫폼의 확대는 디지털 리터러시가 낮은 고령층이나 저소득층의 참여를 제한할 수 있다.

이러한 요인들은 개별적으로 작용하기도 하지만 대체로 상호 강화하는 방식으로 작용한다. 높은 사회경제적 지위는 더 많은 교육 기회를 제공하고, 이는 시민적 기술과 정치적 효능감을 높이며, 이는 다시 더 활발한 정치참여로 이어진다. 이러한 순환 구조는 참여의 불평등을 지속적으로 재생산하고 심화시키는 결과를 낳는다.

참여의 불평등이 초래하는 결과는 심각하다. 정책 결정 과정에서 특정 집단의 이해관계만이 과대 대표될 위험이 있다. 길렌스(Gilens, 2012)의 연구는 미국의 정책 결정이 주로 상위 소득 계층의 선호를 반영하는 경향이 있음을 실증적으로 보여주었다. 또한 참여의 불평등은 정치 체제의 정당성을 약화시킬 수 있다. 광범위한 시민들의 참여와 지지는 민주주의 체제의 안정성과 정당성의 근간이 되는데, 참여의 불평등은 이를 저해한다. 그리고 장기적으로 참여의 불평등은 사회경제적 불평등을 더욱 심화시키는 결과를 낳을 수 있다. 정치참여를 통해 자신들의 이해관계를 관철시킬 수 있는 집단과 그렇지 못한 집단 간의 격차가 점점 더 벌어지게 되는 것이다.

그렇다면 이러한 참여의 불평등 문제를 어떻게 해결할 수 있을까? 우선 사회경제적 불평등 자체를 완화하기 위한 노력이 필요하다. 이는 교육 기회의 평등, 소득 재분배 정책 등을 통해 이루어질 수 있다. 또한 시민교육의 강화를 통해 정치적 관심과 효능감을 높일 필요가 있다. 특히 학교 교육에서부터 참여 민주주의의 가치와 실천 방법을 가르치는 것이 중요하다. 아울러 제도적 장벽을 낮추기 위한 노력이 필요하다. 다양한 시간대와 방식(온라인/오프라인)의 참여 기회를 제공하고, 참여 과정을 가능한 한 단순화하는 것이 도움이 될 수 있다. 그리고 소외계층의 참여를 적극적으로 독려하는 정책이 필요하다. 참여 인센티브 제공, 찾아가는 주민참여 프로그램 등을 고려해볼 수 있다.

참여의 불평등 문제는 현대 민주주의가 직면한 가장 중요한 도전 중 하나이다. 이는 단순히 참여율의 문제를 넘어 민주주의의 질과 정당성, 그리고 사회 통합의 문제와 직결된다. 따라서 참여의 불평등을 해소하고 보다 포용적인 참여 민주주의를 실현하는 것은 우리 사회의 중요한 과제라고 할 수 있다. 이를 위해서는 정부, 시민사회, 학계 등 다양한 주체들의 협력과 지속적인 노력이 필요할 것이다.

3) 제도적 장벽과 참여 촉진 방안

주민참여의 불평등 문제를 해결하기 위해서는 참여를 가로막는 제도적 장벽을 이해하고, 이를 극복하기 위한 구체적인 방안을 모색할 필요가 있다. 제도적 장벽은 단순히 법적 · 행정적 규제만을 의미하는 것이 아니라, 참여를 어렵게 만드는 모든 구조적 요인들을 포함한다. 이러한 관점에서 제도적 장벽은 크게 세 가지 차원에서 분석될 수 있다.

첫째, 구조적 차원의 장벽이다. 이는 주민참여 제도 자체의 설계와 관련된 문제로, 참여 자격의 제한, 참여 시기와 방법의 제약 등이 여기에 해당한다. 퐁(Fung, 2006)의 '민주주의 큐브(Democracy Cube)' 모델은 이러한 구조적 차원을 참여자 선발, 의사소통 방식, 권한과 영향력이라는 세 축으로 분석한다. 이 모델에 따르면 많은 주민참여 제도들이 참여자 선발에서의 개방성은 높지만, 실질적인 권한과 영향력은 제한적인 경우가 많다. 주민참여예산제의 경우 참여 자격에는 제한이 없지만, 실제로 결정할 수 있는 예산의 규모나 범위는 상당히 제한적인 경우가 많다.

둘째, 정보 및 역량 차원의 장벽이다. 주민참여가 실효성을 갖기 위해서는 참여자들이 충분한 정보와 역량을 갖추고 있어야 한다. 그러나 현실에서는 정보의 비대칭성과 시민들의 역량 차이가 존재한다. 카르피니 등(Carpini et al., 2004)의 연구에 따르면, 정치적 지식과 시민적 기술(civic skills)의 차이가 참여의 질과 영향력에 상당한 영향을 미친다. 이러한 차이는 종종 사회경제적 지위와 연관되어 있어, 결과적으로 참여의 불평등을 심화시킨다. 복잡한 정책 이슈나 예산 문제에 대해 충분히 이해하지 못한 채 참여하게 되면, 그 참여의 질과 영향력은 제한될 수밖에 없다.

셋째, 심리적 차원의 장벽이다. 이는 주민들의 정치적 효능감, 신뢰, 참여 동기 등과 관련된다. 캠벨 등(Campbell et al., 1954)의 연구 이래로 정치적 효능감이 정치참여에 미치는 영향은 꾸준히 연구되어 왔다. 주민참여 제도가 형식적으로만 운영되거나, 참여의 결과가 정책에 실질적으로 반영되지 않는다고 인식될 때, 이는 시민들의 정치적 효능감을 저하시키고 참여 의지를 약화시킨다. 특히 과거에 참여 경험이 있지만 그 결과에 실망한 경우, 이후의 참여 의지가 크게 감소할 수 있다.

이러한 제도적 장벽을 극복하고 주민참여를 촉진하기 위해서는 다음과 같은 방안들을 고려해볼 수 있다.

첫째, 참여 제도의 구조적 개선이다. 이는 퐁의 민주주의 큐브 모델의 세 축을 모두 고려한 접근이 필요하다. 참여자 선발에서는 대표성을 확보하면서도 개방성을 유지하는 방안을 모색해야 한다. 무작위 추첨을 통한 시민의회(citizens' assembly) 구성은 이러한 시도의 한 예다. 아일랜드의 헌법개정 시민의회는 이러한 방식으로 구성되어 낙태, 동성결혼 등 민감한 사회적 이슈에 대한 논의를 진행한 바 있다. 의사소통 방식에서는 숙의민주주의적 요소를 강화할 필요가 있다. 피시킨(Fishkin, 2009)이 제안한 공론조사(deliberative polling) 방식은 정보에 입각한 토론을 통해 시민들의 의견 형성을 돕는다. 권한과 영향력 측면에서는 주민참여의 결과가 실제 정책 결정에 반영될 수 있는 제도적 장치를 마련해야 한다. 예를 들어, 참여 결과에 대한 행정부의 의무적 피드백 제도를 도입하거나, 일정 수준 이상의 지지를 받은 주민 제안에 대해서는 의회에서 반드시 논의하도록 하는 등의 방안을 고려할 수 있다.

둘째, 정보 접근성 강화와 시민 역량 증진이다. 이는 단순히 정보를 제공하는 것을 넘어 시민들이 복잡한 정책 이슈를 이해하고 판단할 수 있는 능력을 키우는 것을 의미한다. 서울시의 '시민참여예산학교'는 주민참여예산제에 대한 이해를 높이고 참여 역량을 강화하는 프로그램이다. 또한 디지털 기술을 활용한 정보 제공 플랫폼 구축도 중요하다. 마드리드시의 'Decide Madrid' 플랫폼은 시민들이 온라인상에서 정책 제안과 토론에 참여할 수 있는 공간을 제공한다. 이러한 플랫폼은 정보의 비대칭성을 줄이고, 시민들의 참여 역량을 높이는 데 기여할 수 있다.

셋째, 참여 동기 부여와 정치적 효능감 증진이다. 이를 위해서는 주민참여의 실질적 영향력을 보여주는 것이 중요하다. 참여의 결과가 어떻게 정책에 반영되었는지 명확히 피드백을 제공하고, 성공적인 참여 사례를 적극적으로 홍보할 필요가 있다. 또한 참여에 대한 인센티브 제공도 고려해볼 수 있다. 대만의 'Join' 플랫폼은 시민들의 정책 제안이 일정 수준의 지지를 얻으면 정부가 공식적으로 검토하고 응답하는 시스템을 갖추고 있다. 이러한 시스템은 시민들의 참여 동기를 높이고, 정치적 효능감을 증진시키는 데 도움이 될 수 있다.

넷째, 참여의 시간적 · 공간적 제약을 완화하는 것이다. 이는 특히 취약계층의 참여를 촉진하는 데 중요하다. 온라인 참여 플랫폼의 구축, 모바일 앱을 통한 참여 기회 제공, 다양한 시간대의 오프라인 참여 기회 마련 등이 여기에 해당한다. 에스토니아의 'e-Estonia' 시스템은 시민들이 온라인으로 거의 모든 행정 서비스를 이용하고 정책 결정에 참여할 수 있는 환경을 제공한다. 이러한 시스템은 시간과 장소의 제약 없이 참여할 수 있게 함으로써 참여의 기회를 크게 확대할 수 있다.

다섯째, 참여의 포용성(inclusiveness)을 높이는 것이다. 이는 장애인, 이주민, 청소년 등 전통적으로 참여에서 소외되었던 집단들의 참여를 촉진하는 것을 의미한다. 영국의 일부 지방정부는 청소년 의회(youth parliament)를 운영하여 청소년들의 목소리를 정책에 반영하고 있다. 또한 다국어 서비스 제공, 장애인을 위한 접근성 개선 등의 노력도 필요하다.

이러한 방안들을 실행할 때 주의해야 할 점은 참여의 양적 확대와 질적 심화가 균형을 이루어야 한다는 것이다. 단순히 참여 기회를 늘리는 것만으로는 충분하지 않으며, 참여의 질을 높이고 실질적인 영향력을 확보하는 것이 중요하다. 또한 참여 촉진 정책이 오히려 새로운 형태의 불평등을 만들어내지 않도록 주의해야 한다. 온라인 참여 플랫폼의 확대가 디지털 정보격차(digital divide)로 인해 오히려 참여의 불평등을 심화시킬 수 있다는 점을 고려해야 한다.

결론적으로 주민참여의 제도적 장벽을 해소하고 참여를 촉진하는 것은 현대 민주주의의 질적 향상을 위한 핵심 과제다. 이는 단순히 형식적인 참여 기회의 제공을 넘어 실질적이고 효과적인 참여가 이루어질 수 있는 환경을 조성하는 것을 의미한다. 이를 통해 우리는 보다 포용적이고 반응성 높은 민주주의를 구현할 수 있을 것이다.

그러나 이는 단기간에 달성될 수 있는 목표가 아니며, 지속적인 제도적 혁신과 시민 교육, 그리고 정부와 시민사회의 협력이 필요한 장기적 과제임을 인식해야 한다. 특히 한국의 맥락에서는 중앙집권적 행정 문화, 관료주의적 관행, 시민 참여에 대한 인식 부족 등의 장애물을 극복해야 한다. 이를 위해서는 정부의 적극적인 제도 개선 노력뿐만 아니라, 시민사회의 역량 강화와 참여 문화의 확산이 필요하다.

또한 주민참여의 촉진이 대의민주주의를 대체하는 것이 아니라 보완하는 것임을 명확히 인식해야 한다. 즉 주민참여의 확대가 선출직 공직자들의 책임과 역할을 축소시키는 것이 아니라, 오히려 그들의 의사결정에 더 풍부한 정보와 정당성을 제공하는 것임을 이해해야 한다. 이러한 균형 잡힌 시각을 바탕으로, 대의민주주의와 참여민주주의의 조화로운 발전을 추구해야 할 것이다.

6장

불평등과 정치적 결정

6장

불평등과 정치적 결정

| 1 | 투표선택과 불평등

1) 불평등이 유권자의 선택에 미치는 영향

불평등이 유권자의 선택에 미치는 영향은 현대 정치학의 핵심 연구 주제 중 하나이다. 경제적 불평등이 심화되는 상황에서 이것이 어떻게 유권자들의 정치적 선택으로 이어지는지를 이해하는 것은 민주주의의 작동 원리와 그 결과를 분석하는 데 매우 중요하다. 이 문제에 접근하기 위해서는 먼저 경제적 투표(economic voting) 이론에 주목할 필요가 있다.

경제적 투표 이론의 핵심은 유권자들이 경제 상황에 대한 평가를 바탕으로 투표 결정을 내린다는 것이다. 피오리나(Fiorina, 1981)의 회고적 투표(retrospective voting) 모델은 이러한 관점을 잘 보여준다. 이 모델에 따르면 유권자들은 현 정부의 경제 실적을 평가하여 투표 결정을 내린다. 만약 경제 상황이 좋다고 판단하면 여당에 투표하고, 그렇지 않다면 야당에 투표한다는 것이다. 이 관점에서 보면 경제적 불평등의 심화는 현 정부에 대한 부정적 평가로 이어질 가능성이 높다.

그러나 불평등과 투표선택의 관계는 이보다 더 복잡하다. 멜처와 리차드(Meltzer & Richard, 1981)의 중위투표자 모델(median voter model)은 소득 불평등이 심화될수록 중위 소득자가 재분배 정책을 선호하게 되어 진보적 정당을 지지할 가능성이 높아진다고 예측한다. 이 모델의 논리는 다음과 같다. 소득 불평등이 심화되면 평균 소득이 중위 소득보다 높아지게 된다. 이 경우 중위 소득자는 평균보다 낮은 소득을 얻게 되므로, 부자로부터 가난한 사람으로의 소득 재분배를 선호하게 된다. 따라서 재분배 정책을 주장하는 진보 정당을 지지할 가능성이 높아진다는 것이다.

그러나 현실에서는 이러한 예측과 다른 결과가 나타나는 경우가 많다. 이를 설명하기 위해 다양한 이론들이 제시되었다. 그 중 하나가 루에다(Rueda, 2018)가 제시한 '지위 불안 효과(status anxiety effect)'이다. 루에다는 불평등 심화가 오히려 보수정당 지지로 이어질 수 있다고 주장한다. 그의 논리는 다음과 같다. 불평등이 심화되면 중산층은 자신들의 경제적 지위가 하락할 수 있다는 불안감을 느낀다. 이러한 불안감은 현재의 지위를 지키려는 욕구로 이어지고, 결과적으로 재분배 정책에 반대하게 만든다. 따라서 보수정당을 지지하게 된다는 것이다.

이러한 상반된 예측은 불평등이 투표선택에 미치는 영향이 단순하지 않음을 보여준다. 실제로 불평등의 영향은 각 사회의 맥락, 정당 체제, 그리고 유권자의 개인적 특성 등에 따라 다양하게 나타날 수 있다.

예를 들어 트럼프의 당선으로 귀결된 2016년 미국 대선은 불평등과 투표선택의 복잡한 관계를 잘 보여준다. 당시 많은 저소득층 백인 노동자들이 경제적 이해관계와는 달리 보수 성향의 트럼프를 지지했다. 이는 단순히 경제적 이해관계만으로는 설명하기 어려운 현상이다. 이를 설명하기 위해 일부 학자들은 문화적 반발(cultural backlash) 이론을 제시했다. 즉 세계화와 이민으로 인한 문화적 위협감이 경제적 이해관계보다 더 큰 영향을 미쳤다는 것이다.

불평등이 유권자의 선택에 미치는 영향을 이해하는 데 있어 또 하나 중요한 점은 유권자들의 불평등 인식이다. 객관적인 불평등 수준과 유권자들이 체감하는 불평등 수준은 다를 수 있기 때문이다. 겜바흐(Gimpelson & Treisman, 2018)의 연구에 따르면 많은 국가에서 유권자들의 불평등 인식은 실제 불평등 수준과 큰 차이를 보인다. 이는 미디어의 보도 방식, 준거 집단의 선택, 개인의 경험 등 다양한 요인에 영향을 받기 때문이다. 따라서 불평등이 투표 선택에 미치는 영향을 분석할 때는 객관적인 불평등 지표뿐만 아니라 유권자들의 주관적 인식도 함께 고려해야 한다.

마지막으로 불평등이 정당의 전략에 미치는 영향도 고려해야 한다. 불평등 심화는 유권자의 선호 변화뿐만 아니라 정당의 전략 변화도 유발할 수 있기 때문이다. 불평등 심화로 인해 재분배 요구가 높아지면 보수 정당도 일정 수준의 재분배 정책을 수용하는 방향으로 전략을 수정할 수 있다. 이는 결과적으로 유권자들의 선택에도 영향을 미치게 된다.

이와 같이 불평등이 유권자의 선택에 미치는 영향은 매우 복잡하고 다차원적이다. 경제적 이해관계, 문화적 요인, 정치적 효능감, 주관적 인식, 정당의 전략 등 다양한 요인들이 복합적으로 작용한다. 따라서 이를 이해하기 위해서는 단순한 경제적 모델을 넘어서는 종합적이고 맥락적인 접근이 필요하다. 향후 연구에서는 이러한 다양한 요인들을 통합적으로 고려하는 모델의 개발이 필요할 것이다. 또한 빅데이터, 실험 방법론 등 새로운 연구 방법을 활용하여 불평등과 투표 선택 간의 인과관계를 보다 정확히 파악하는 노력도 필요할 것이다.

2) 경제적 지위와 정치적 성향의 관계

경제적 지위와 정치적 성향 간의 관계는 정치학에서 오랫동안 주목받아 온 주제다. 이 관계는 단순히 개인의 정치적 선호를 설명하는 데 그치지 않고, 사회의 정치적 균열 구조와 정책 결정 과정을 이해하는 데 핵심적인 역할을 한다. 전통적으로 경제적 지위는 개인의 정치적 성향을 형성하는 주요 요인으로 여겨져 왔으나, 현대 사회에서 이 관계는 점차 복잡해지고 있다.

립셋과 로칸(Lipset & Rokkan, 1967)의 고전적 연구는 서구 민주주의 국가들에서 계급이 주요한 정치적 균열선으로 작용해 왔음을 보여준다. 이들의 '동결가설(freezing hypothesis)'에 따르면 산업화 시대의 계급 갈등이 정당 체제에 반영되어 고착화되었다는 것이다. 이 관점에서 노동자 계급은 진보 정당을, 중상류층은 보수 정당을 지지하는 경향이 있었다. 이는 '계급투표(class voting)' 현상으로 불렸다.

알포드(Alford, 1963)는 이러한 계급투표 현상을 실증적으로 분석하기 위해 '알포드 지수'를 개발했다. 이 지수는 노동자 계급의 좌파 정당 지지율에서 중상류층의 좌파 정당 지지율을 뺀 값으로, 계급투표의 강도를 측정한다. 알포드의 연구는 1950년대와 1960년대 영국, 호주, 미국 등에서 뚜렷한 계급투표 현상이 존재함을 보여주었다.

그러나 1970년대 이후 많은 서구 민주주의 국가에서 이러한 계급투표 현상이 약화되는 '계급배반 투표(class dealignment)' 현상이 관찰되기 시작했다. 달튼(Dalton, 1996)은 이러한 변화를 '인지적 동원(cognitive mobilization)' 이론으로 설명한다. 교육 수준의 향상과 정보 접근성 증가로 인해 유권자들이 자신의 계급적 이해관계를 넘어서 다양한 이슈를 고려하여 투표하게 되었다는 것이다.

잉글하트(Inglehart, 1977)는 이러한 변화를 '탈물질주의(post-materialism)' 가치관의 부상으로 설명한다. 경제적 풍요 속에서 성장한 세대들이 경제적 이해관계보다는 환경, 인권 등의 가치를 중시하게 되었다는 것이다. 이는 '신정치(new politics)' 이론으로 발전하여, 기존의 좌우 구도를 넘어서는 새로운 정치적 균열을 설명하는 데 활용되었다.

한편 키칠트(Kitschelt, 1994)는 경제적 지위와 정치적 성향의 관계가 단순한 좌우 구도로 설명되기 어려워졌다고 주장한다. 그는 정치적 공간을 경제적 차원(시장 대 국가)과 가치적 차원(자유주의 대 권위주의)의 이차원으로 설명하는 모델을 제시했다. 이에 따르면 전통적인 계급 기반 투표 행태가 약화되고, 보다 복잡한 정치적 선호 구조가 형성되고 있다는 것이다.

그러나 최근의 연구들은 경제적 지위와 정치적 성향 간의 관계가 완전히 사라진 것이 아니라, 새로운 형태로 재구성되고 있음을 보여준다. 피케티(Piketty, 2018)는 장기 시계열 데이터를 분석하여, 교육 수준에 따른 새로운 형태의 계급 균열이 형성되고 있다고 주장한다. 그에 따르면 고학력층은 진보 정당을, 저학력층은 보수 정당을 지지하는 경향이 강해지고 있다. 이는 전통적인 계급투표 패턴과는 정반대의 현상이다.

아체모글루 등(Acemoglu et al., 2020)은 이러한 현상을 '혁신경제의 정치경제학'으로 설명한다. 기술 혁신이 가속화되면서 고학력 전문직 종사자들이 진보적 성향의 '혁신 연합(innovation coalition)'을 형성하고, 저학력 노동자들은 보수적 성향의 '보호주의 연합(protectionist coalition)'을 형성한다는 것이다. 이는 세계화와 기술 혁신이 야기한 경제 구조의 변화가 새로운 형태의 정치적 균열을 만들어내고 있음을 시사한다.

3) 한국 사회에서의 투표선택 양상 분석

한국 사회에서의 투표선택 양상은 복합적이고 다층적인 요인들이 상호작용한 결과로 나타난다. 경제적 불평등, 지역주의, 세대 갈등, 이념적 대립 등 다양한 사회적 균열이 한국의 정치 지형을 형성하고 있으며, 이는 유권자들의 투표 선택에 중요한 영향을 미친다. 이러한 한국 정치의 독특한 특성을 이해하기 위해서는 각 요인들을 심층적으로 분석할 필요가 있다.

첫째, 경제적 지위에 따른 투표 선택 양상을 살펴보면, 최근 들어 계급투표의 징후가 나타나고 있다. 강원택(2016)의 연구에 따르면 2000년대 이후 한국에서도 소득 수준에 따른 투표 행태의 차이가 점차 뚜렷해지고 있다. 고소득층과 자산가들은 보수 성향의 정당을 지지하는 경향이 강하다. 이들은 주로 시장 자유화, 세금 감면, 규제 완화 등 자신들의 경제적 이익을 극대화할 수 있는 정책을 선호한다. 반면, 저소득층과 경제적 불안정성이 높은 계층은 진보 성향의 정당을 지지하는 경향이 두드러진다. 이들은 복지 확대, 소득 재분배, 공공서비스 강화와 같은 정책을 지지한다.

특히 주목할 만한 점은 부동산 자산의 유무가 중요한 정치적 균열선으로 부상하고 있다는 것이다. 최종호(2020)의 연구는 주택 소유 여부가 정치적 선호에 미치는 영향을 분석했는데, 주택 소유자들이 비소유자들에 비해 보수 정당을 지지할 확률이 높았으며, 이러한 경향은 최근 들어 더욱 강화되고 있는 것으로 나타났다. 이는 한국 사회에서 부동산이 단순한 거주 공간을 넘어 중요한 자산 증식 수단으로 인식되고 있음을 반영한다.

둘째, 한국 정치에서 지역주의는 여전히 강력한 영향력을 행사하고 있다. 영남과 호남을 중심으로 한 지역 간 정치적 대립은 한국 현대 정치사의 중요한 특징이다. 이갑윤(2011)의 연구에 따르면, 지역주의는 1987년 민주화 이후 오히려 강화되었으며, 2000년대 이후에도 그 영향력이 지속되고 있다. 영남 지역은 전통적으로 보수 정당에 대한 강한 지지 기반을 형성해왔으며, 호남 지역은 진보 성향의 정당에 대한 지지가 강하다.

그러나 최근에는 지역주의의 약화 징후도 관찰되고 있다. 박원호와 송정민(2012)의 연구는 세대 교체와 도시화로 인해 지역주의의 영향력이 점차 감소하고 있음을 보여준다. 특히 젊은 세대에서는 지역주의보다 이념이나 정책에 따른 투표 선택이 더 두드러지게 나타난다. 이는 한국 정치가 점차 지역 기반의 정치에서 이념과 정책 중심의 정치로 전환되고 있음을 시사한다.

셋째, 세대 간 투표 성향의 차이는 한국 정치의 주요 특징 중 하나이다. 한국의 젊은 세대와 노년 세대는 정치적 성향과 투표 선택에서 뚜렷한 차이를 보인다. 20~30대 젊은 층은 주로 진보적 성향을 띠며, 사회적 평등, 공정성, 환경 문제 등에 대한 관심이 높다. 이들은 기존의 정치 구조에 대한 불신과 변화에 대한 열망을 가지고 있으며, 진보 성향의 정당에 대한 지지가 높다. 반면, 60대 이상 노년층은 보수적 성향이 강하며, 안정과 전통적 가치를 중시하는 경향이 있다. 이들은 경제적 안정성과 국가 안보를 중요한 가치로 여기며, 보수 정당을 지지하는 경향이 강하다.

최근에는 세대와 계층이 결합된 '세대계층론'이 주목받고 있다. 서우석 등(2017)과 최슬기 등(2019)의 연구에 따르면 2030 세대 내에서도 부모의 경제력, 자산 여부 등에 따라 정치적 성향이 달라진다. 이는 불평등 심화가 세대 내 균열로 이어지고 있음을 시사한다. 이러한 현상은 단순한 세대 갈등을 넘어 세대 내 계층 격차가 정치적 선호에 미치는 영향을 보여준다.

넷째, 이념적 대립 구도도 한국의 투표 선택 양상을 이해하는 데 중요한 요소다. 강원택(2005)의 연구는 2002년 대선을 기점으로 한국 정치에서 이념적 대립이 중요한 변수로 부상했음을 보여준다. 진보-보수의 이념적 스펙트럼에 따른 투표 선택이 뚜렷해졌으며, 이는 특히 젊은 세대에서 두드러진다. 그러나 한국의 이념 갈등은 서구와는 다른 양상을 보인다. 김형준(2015)의 연구에 따르면, 한국의 이념 갈등은 경제 정책보다는 대북 정책, 안보 문제 등을 중심으로 형성되는 경향이 있다.

다섯째, 중도층 유권자의 역할도 주목할 필요가 있다. 중도층은 명확한 이념적 성향을 드러내지 않으며, 경제적 이슈, 후보자의 신뢰도, 특정 선거에서의 쟁점에 따라 투표 선택을 달리하는 경향이 있다. 이내영과 정한울(2013)의 연구는 중도층이 한국 선거에서 캐스팅 보트 역할을 하고 있음을 보여준다. 특히 대선과 같은 전국 단위 선거에서 중도층의 선택이 선거 결과를 좌우하는 경우가 많다.

여섯째, 정치 참여의 불평등 문제도 고려해야 한다. 이소영(2019)의 연구에 따르면, 소득 수준이 높을수록 정치 참여도가 높았으며, 이는 투표 참여뿐만 아니라 정치인 접촉, 집회 참가 등 다양한 형태의 정치 참여에서 나타났다. 이는 경제적 불평등이 정치적 불평등으로 이어질 수 있음을 시사한다. 특히 저소득층, 비정규직 노동자 등 사회적 약자들의 정치 참여가 상대적으로 낮은 것은 이들의 이해관계가 정책에 충분히 반영되지 않을 수 있다는 우려를 낳는다.

마지막으로, 미디어 환경의 변화가 투표 선택에 미치는 영향도 중요하다. 소셜 미디어의 발달로 인해 정보의 흐름이 다양화되고, 이는 유권자들의 정치적 선호 형성에 영향을 미친다. 장덕진(2011)의 연구는 소셜 미디어 이용이 정치적 양극화를 심화시킬 수 있음을 보여준다. 특정 성향의 정보에만 노출되는 '필터 버블' 현상이 발생하면서, 유권자들의 정치적 견해가 더욱 극단화될 수 있다는 것이다.

한국 사회에서의 투표 선택 양상은 경제적 불평등, 지역주의, 세대 갈등, 이념적 대립, 중도층의 역할, 정치 참여의 불평등, 미디어 환경의 변화 등 다양한 요인들이 복합적으로 작용한 결과다. 이러한 복잡한 정치적 지형을 이해하기 위해서는 각 요인들의 개별적 영향뿐만 아니라, 이들 간의 상호작용도 고려해야 한다. 또한 한국 사회의 급속한 변화에 따라 이러한 투표 선택의 양상도 계속해서 변화하고 있음을 인식해야 한다.

향후 연구에서는 이러한 다양한 요인들을 통합적으로 고려하는 모델의 개발이 필요할 것이다. 또한 빅데이터, 실험 방법론 등 새로운 연구 방법을 활용하여 투표 선택의 메커니즘을 보다 정확히 파악하는 노력도 필요할 것이다. 이를 통해 우리는 한국 정치의 현재를 더 깊이 이해하고, 미래의 변화를 예측할 수 있을 것이다.

| 2 | 입법과정과 불평등

1) 법은 누구를 위한 것인가?: 입법의 편향성

법은 민주주의 사회에서 공공의 이익을 보호하고 사회 질서를 유지하기 위한 기본적인 도구다. 그러나 현실에서 법은 종종 특정 계층이나 집단의 이익을 반영하는 편향성을 띠게 된다. 이러한 입법의 편향성은 사회적 불평등을 고착화시키고, 특정 집단이 정치적 권력을 독점하게 만드는 결과를 초래할 수 있다.

입법의 편향성은 여러 가지 경로를 통해 나타난다. 첫째, 정치적 권력의 집중은 입법 과정에서 특정 집단의 이익이 과도하게 반영되도록 만든다. 바텔스(Bartels, 2008)의 연구에 따르면, 미국의 경우 상위 소득 계층의 선호가 하위 소득 계층의 선호보다 정책 결정에 훨씬 더 큰 영향을 미치는 것으로 나타났다. 이는 경제적으로 부유한 계층이 정치적 자원에 접근할 수 있는 능력이 뛰어나며, 이를 통해 자신들의 이익을 입법 과정에 반영하려 하기 때문이다.

둘째, 정치적 대표성의 왜곡도 입법의 편향성을 심화시키는 요인이다. 길렌스와 페이지(Gilens & Page, 2014)의 연구는 미국의 정책 결정이 대중의 선호보다는 경제 엘리트와 조직된 이익집단의 선호를 더 많이 반영한다는 것을 보여준다. 이는 특히 경제적 자원이 부족한 계층이나 소외된 집단이 정치적 과정에서 충분히 대표되지 못하는 상황에서 두드러진다.

셋째, 입법 과정의 불투명성 역시 법의 편향성을 강화하는 요소로 작용한다. 헤커와 피어슨(Hacker & Pierson, 2010)은 정책 결정 과정이 복잡해지고 전문화됨에 따라 일반 시민들이 이를 이해하고 참여하기 어려워졌다고 지적한다. 이는 정보와 전문성을 가진 특정 집단이 입법 과정에서 우위를 점하게 만드는 결과를 낳는다.

이러한 입법의 편향성은 다양한 형태로 나타난다. 조세 정책의 경우 자본소득에 대한 과세율이 노동소득에 대한 과세율보다 낮은 경우가 많다. 피케티(Piketty, 2014)는 이러한 정책이 부의 불평등을 심화시키는 요인이라고 지적한다. 노동법의 경우에도 비정규직 노동자의 권리 보호보다는 기업의 유연한 인력 운용을 강조하는 방향으로 개정되는 경우가 많다. 이는 노동시장의 이중구조를 심화시키고 불안정 노동을 확대하는 결과를 낳는다.

한국의 경우에도 입법의 편향성 문제가 지속적으로 제기되고 있다. 최태욱(2016)의 연구에 따르면, 한국의 국회의원들은 지역구의 이해관계나 자신이 속한 정당의 이익을 우선시하는 경향이 있으며, 이는 전체 국민의 이익을 대변해야 하는 대의민주주의의 원칙과 충돌한다. 또한 오수진(2017)은 한국의 정당이 특정 계층이나 지역의 이익을 대변하는 데 그치고 있어, 다양한 사회적 이해관계를 조정하고 통합하는 역할을 하지 못하고 있다고 비판한다.

입법의 편향성 문제를 해결하기 위해서는 다각도의 접근이 필요하다. 우선 정치자금법의 개선을 통해 경제력이 정치적 영향력으로 직접 전환되는 것을 제한해야 한다. 그리고 다양한 계층과 집단의 정치적 대표성을 높이기 위한 제도적 장치가 필요하다. 비례대표제의 확대나 청년, 여성, 장애인 등 소수자 집단의 정치 참여를 촉진하는 정책 등을 고려할 수 있다. 또한 입법 과정의 투명성을 높이고 시민참여를 확대하는 노력이 필요하다. 이를 위해 입법 예고 제도의 실효성을 높이고, 공청회나 토론회 등을 통해 다양한 의견을 수렴하는 과정을 강화해야 한다.

뿐만 아니라 시민사회의 역할도 중요하다. 이익집단의 로비 활동을 감시하고, 법안의 내용과 그 영향을 분석하여 공론화하는 등의 활동을 통해 입법 과정의 건전성을 높일 수 있다. 아울러 미디어의 역할도 간과할 수 없다. 언론은 입법 과정을 면밀히 감시하고, 이에 대한 정보를 시민들에게 제공함으로써 입법의 편향성 문제를 공론화하는 데 기여할 수 있다.

입법의 편향성 문제는 현대 민주주의가 직면한 가장 중요한 과제 중 하나이다. 이는 단순히 법률의 공정성 문제를 넘어 민주주의의 근간인 정치적 평등을 위협하는 요소이기 때문이다. 따라서 이를 해결하기 위한 노력은 지속적이고 다각적으로 이루어져야 한다. 이를 통해 우리는 법이 특정 계층의 이익을 보호하는 수단이 아니라, 사회 전체의 공정성과 정의를 실현하는 도구로서 기능할 수 있도록 해야 할 것이다.

2) 이익집단의 로비와 정책 결정

이익집단은 현대 민주주의에서 중요한 정치적 행위자로 자리 잡고 있으며, 정책 결정 과정에 강력한 영향을 미친다. 이익집단은 특정 경제적 · 사회적 또는 정치적 이익을 대변하며, 자신들의 이해관계를 관철시키기 위해 조직적인 로비 활동을 전개한다. 이러한 로비 활동은 민주주의 사회에서 다양한 이해관계를 조정하고 반영하는 데 기여할 수 있지만, 동시에 특정 집단의 이익이 과도하게 반영되어 정책 결정의 공정성을 훼손할 위험을 내포하고 있다. 특히 경제적 자원이 풍부한 이익집단은 정치적 권력을 장악하고, 이를 통해 자신들의 이익을 극대화하는 정책을 추진하는 경향이 강하다.

로비 활동은 이익집단이 정책 결정 과정에 영향을 미치는 주요 수단이다. 로비는 입법자나 행정부 공무원에게 직접적인 영향력을 행사하여, 특정 법안이나 규제의 내용을 수정하거나, 새로운 정책을 채택하도록 압력을 가하는 행위로 정의할 수 있다. 이익집단은 로비 활동을 통해 자신들의 이익을 반영하는 정책이 입안되고 집행될 수 있도록 노력한다. 이러한 로비 활동은 다양한 형태로 나타나며 정치 자금의 기부, 공공 캠페인, 전문가 집단의 자문, 언론을 통한 여론 조작 등이 그 예이다.

한국 사회에서 이익집단의 로비 활동은 특히 경제적 이익이 걸린 정책 결정 과정에서 두드러지게 나타난다. 대기업, 금융기관, 부동산 개발업자 등은 자신들의 경제적 이익을 보호하고 증진시키기 위해 막대한 자원을 로비 활동에 투입한다. 이들은 입법자들에게 정치 자금을 제공하거나, 특정 법안에 대한 지지를 요청함으로써 자신들의 이익이 반영된 정책이 채택되도록 한다. 이러한 과정에서 특정 이익집단의 목소리가 과도하게 반영되고, 다른 사회적 집단의 이익이 소외될 위험이 크다.

정책 결정의 왜곡은 이익집단의 로비 활동이 초래할 수 있는 가장 큰 문제 중 하나이다. 정책 결정이 특정 이익집단의 압력에 의해 왜곡될 경우, 이는 정책의 공정성을 훼손하고, 전체 사회의 이익보다는 특정 집단의 이익만을 우선시하는 결과를 낳을 수 있다. 환경 규제 완화나 노동법 개정과 같은 정책 결정 과정에서 대기업의 이익이 과도하게 반영되면, 이는 환경 보호나 노동자의 권익 보호와 같은 공공의 이익이 훼손되는 결과를 초래할 수 있다. 이러한 정책 결정의 왜곡은 사회적 불평등을 심화시키며, 민주주의의 본질을 위협하는 요소로 작용할 수 있다.

정치적 자원의 불균등한 분포도 이익집단의 로비 활동의 영향을 강화하는 요인이다. 경제적 자원이 풍부한 이익집단은 정치적 자원에 접근할 수 있는 능력이 뛰어나며, 이를 통해 자신들의 이익을 정치적 과정에 반영할 수 있는 힘을 가지고 있다. 반면, 경제적 자원이 부족한 집단이나 소수자 집단은 로비 활동에 필요한 자원을 확보하기 어려우며, 이로 인해 정치적 과정에서 소외될 위험이 크다. 이러한 정치적 자원의 불균형은 정책 결정 과정에서 특정 집단의 이익이 과도하게 반영되는 결과를 낳으며, 이는 사회적 불평등을 심화시키는 요인으로 작용한다.

한국의 정책 결정 과정에서 이익집단의 로비 활동은 오랫동안 문제로 지적되어 왔다. 특히 경제적 이익이 걸린 중요한 정책 결정에서 대기업이나 특정 산업의 이익이 과도하게 반영되는 경향이 강하다. 이는 정치적 결정이 공공의 이익보다는 특정 집단의 이익을 우선시하는 방향으로 왜곡될 수 있음을 시사한다. 부동산 개발 정책이나 금융 규제 완화와 같은 이슈에서 대기업의 이익이 주요하게 반영되는 경우, 이는 전체 사회의 균형 있는 발전을 저해하고, 사회적 불평등을 심화시키는 결과를 초래할 수 있다.

이익집단의 로비와 정책 결정 과정에서의 불균형은 민주주의의 본질을 위협하는 중요한 문제이다. 정책 결정 과정에서 다양한 사회적 집단의 이익이 공정하게 반영되도록 하기 위해서는 로비 활동의 투명성과 공정성을 강화하는 제도적 장치가 필요하다. 이를 위해 정치 자금의 투명성을 높이고, 로비 활동의 규제를 강화하며, 다양한 사회적 집단이 정책 결정 과정에 참여할 수 있는 기회를 확대하는 것이 중요하다. 이러한 노력을 통해 정책 결정 과정에서의 불평등을 완화하고, 보다 공정하고 균형 잡힌 민주주의를 실현할 수 있을 것이다.

3) 불평등 해소를 위한 입법적 접근

불평등은 사회적 · 경제적 · 정치적 불균형을 심화시키며, 민주주의의 근본을 위협하는 요소로 작용한다. 따라서 이러한 불평등을 해소하기 위해서는 입법적 접근이 필수적이다. 법은 사회적 불평등을 완화하고, 공정한 사회를 구축하는 데 중요한 도구로 작용할 수 있다. 입법 과정에서 불평등을 해소하기 위한 제도적 장치들을 마련하고, 이를 통해 모든 시민이 평등한 기회를 누릴 수 있도록 하는 것이 중요하다.

첫째, 소득 재분배를 위한 입법은 불평등 해소의 핵심적인 요소이다. 경제적 불평등이 심화될수록, 소득 재분배를 통해 사회적 균형을 회복하는 것이 중요하다. 이를 위해 누진적 세제 개편, 공공복지 확충, 최저임금 인상 등의 정책이 입법화되어야 한다. 고소득층에 대한 세율을 강화하고, 그로 인해 확보된 재원을 저소득층 지원 프로그램이나 공공서비스 확대에 투입하는 방식으로 소득 재분배를 실현할 수 있다. 이러한 입법적 조치는 경제적 불평등을 완화하고, 사회적 안정성을 높이는 데 기여할 것이다.

둘째, 교육 기회의 평등을 위한 입법이 필요하다. 교육은 사회 이동성을 증대시키고, 장기적으로 불평등을 해소하는 데 중요한 역할을 한다. 그러나 교육 기회의 불평등은 사회적 불평등을 고착화하는 주요 요인 중 하나이다. 이를 해결하기 위해 교육 접근성을 높이고, 교육의 질을 균등하게 보장하는 입법적 노력이 필요하다. 공립학교 지원 강화, 장학금 제도 확대, 교육 시설의 지역 간 격차 해소 등의 정책이 입법화되어야 한다. 이러한 조치는 모든 계층의 학생들이 공평한 교육 기회를 누릴 수 있도록 보장하며, 사회적 불평등을 구조적으로 해결하는 데 기여할 것이다.

셋째, 주거 불평등 해소를 위한 입법적 접근도 중요하다. 주거는 인간의 기본적 권리 중 하나이며, 주거 불안정은 사회적 불평등을 심화시키는 주요 요인으로 작용한다. 이를 해결하기 위해 공공임대주택 확대, 주택 시장 규제 강화, 저소득층 주거 지원 프로그램 등을 입법화해야 한다. 주거비 부담이 큰 계층을 대상으로 한 주택 보조금 지급이나, 공공임대주택 공급 확대를 통해 주거 불평등을 완화할 수 있다. 이러한 입법적 조치는 주거 안정성을 확보하고, 사회적 약자들이 보다 안정된 생활을 영위할 수 있도록 하는 데 기여할 것이다.

넷째, 노동시장 불평등 해소를 위한 입법이 필요하다. 노동시장에서의 불평등은 소득 불평등과 직결되며, 이는 사회적 불평등을 심화시키는 주요 원인이다. 이를 해결하기 위해 비정규직 보호 강화, 노동권 보장, 고용평등법 등의 입법적 조치가 요구된다. 비정규직 노동자에 대한 차별을 금지하고, 이들에게 정규직과 동등한 권리를 부여하는 법안을 마련함으로써 노동시장 내 불평등을 완화할 수 있다. 이러한 입법적 노력은 노동자들의 권익을 보호하고, 노동시장에서의 공정성을 강화하는 데 중요한 역할을 할 것이다.

다섯째, 성평등을 위한 입법적 접근도 불평등 해소의 중요한 축이다. 성별에 따른 차별과 불평등은 여전히 많은 사회에서 중요한 문제로 남아 있으며, 이를 해결하기 위해서는 법적 장치의 강화가 필요하다. 성별 임금 격차 해소, 여성의 정치적 대표성 확대, 성폭력 방지법 강화 등의 입법적 조치는 성평등을 실현하는 데 중요한 역할을 한다. 동일노동 동일임금 원칙을 법제화하고, 성차별적 관행을 철폐하기 위한 강력한 제재를 도입함으로써 성평등을 촉진할 수 있다. 이러한 입법적 노력은 성별에 따른 불평등을 완화하고, 모든 시민이 평등한 권리를 누릴 수 있는 사회를 만드는 데 기여할 것이다.

불평등 해소를 위한 입법적 접근은 사회적 공정성과 정의를 실현하기 위한 필수적인 과정이다. 입법 과정을 통해 소득 재분배, 교육 기회 평등, 주거 안정, 노동시장 공정성, 성평등 등을 강화함으로써, 우리는 보다

평등하고 포용적인 사회를 구축할 수 있을 것이다. 이러한 입법적 노력은 사회적 불평등을 구조적으로 해결하고, 민주주의의 근본 원칙을 지키는 데 중요한 역할을 할 것이다.

7장

불평등의 새로운 차원: 시간 불평등

7장

불평등의 새로운 차원: 시간 불평등

| 1 | 시간 사용의 차이가 초래하는 불평등

불평등에 관한 기존의 논의는 주로 소득, 자산, 교육 등의 측면에 집중되어 왔다. 그러나 최근 사회과학 연구에서는 시간 사용의 차이가 또 다른 형태의 불평등을 야기한다는 점에 주목하고 있다. 시간은 모든 이에게 공평하게 주어지는 자원처럼 보이지만, 실제로 그 사용과 경험은 사회경제적 지위에 따라 현저한 차이를 보인다. 이러한 시간 불평등은 단순히 개인의 선택이나 선호의 문제가 아니라, 구조적인 사회 불평등의 또 다른 표현이자 결과라고 할 수 있다.

시간 사용의 차이가 불평등을 초래하는 메커니즘은 다층적이다. 우선 경제적 자원의 차이는 시간 사용의 자율성과 질에 직접적인 영향을 미친다. 고소득층은 자신의 시간을 보다 효율적으로 관리하고 통제할 수 있는 자원을 가지고 있다. 가사 노동을 외주화하거나 편리한 교통수단을 이용함으로써 시간을 절약하고, 그 시간을 자기 계발이나 여가 활동에 투자할 수 있다. 반면 저소득층은 이러한 선택지가 제한되어 있어 일과 생활의 균형을 유지하기 어렵고 시간 압박에 더 많이 노출된다.

직업과 고용 형태에 따른 시간 사용의 차이도 주목할 만하다. 정규직 노동자와 비정규직 노동자, 전문직과 단순노무직 사이에는 노동 시간의 길이뿐만 아니라 그 유연성과 예측 가능성에서도 큰 격차가 존재한다. 전문직 종사자들은 상대적으로 자율적인 시간 관리가 가능한 반면, 서비스직이나 생산직 노동자들은 엄격한 시간 통제하에 놓여있는 경우가 많다. 이는 단순히 노동 시간 동안의 경험뿐만 아니라 여가 시간의 질과 활용에도 영향을 미친다.

시간 사용의 차이는 세대 간 불평등 재생산의 중요한 메커니즘으로 작용한다. 부모의 사회경제적 지위에 따라 자녀와 함께 보내는 시간의 양과 질에 차이가 나타난다. 고학력, 고소득 부모들은 자녀와 더 많은 시간을 보내며, 그 시간을 교육적으로 활용하는 경향이 있다. 이는 자녀의 인지 발달과 학업 성취에 긍정적인 영향을 미치며, 결과적으로 사회경제적 지위의 세대 간 이전을 강화하는 요인이 된다.

또한 시간 불평등은 건강 불평등으로 이어진다. 장시간 노동과 불규칙한 근무 스케줄은 신체적 · 정신적 건강에 부정적인 영향을 미친다. 그리고 여가 시간의 부족은 운동이나 건강 관리에 투자할 수 있는 시간을 제한한다. 이러한 건강 불평등은 다시 노동 생산성과 소득에 영향을 미치는 악순환을 만들어낸다.

아울러 시간 불평등은 정치 참여의 불평등으로 이어질 수 있다. 시간 압박이 심한 계층은 정치 정보를 얻거나 정치 활동에 참여할 여유가 부족하다. 이는 정치적 의사 결정 과정에서 이들의 이해관계가 충분히 대변되지 못하는 결과를 낳을 수 있으며, 결과적으로 민주주의의 질적 저하로 이어질 수 있다.

이러한 시간 불평등의 다차원적 영향을 고려할 때, 우리는 불평등 문제에 접근함에 있어 소득이나 자산뿐만 아니라 시간 사용의 차이에도 주목해야 한다. 시간 불평등을 완화하기 위해서는 노동 시간 정책의 개선, 일-생활 균형 촉진, 가사 노동의 공평한 분배, 그리고 공공 서비스의 확충 등 다양한 정책적 접근이 필요하다. 또한 시간 사용에 대한 사회적 인식의 변화도 중요하다. 시간을 개인의 자유로운 선택의 영역으로만 볼 것이 아니라, 사회적 형평성의 관점에서 접근해야 할 필요가 있다.

즉 시간 사용의 차이가 초래하는 불평등은 현대 사회의 복잡한 불평등 구조를 이해하는 데 필수적인 요소다. 이는 단순히 개인의 시간 관리 능력의 문제가 아니라 우리 사회의 구조적 불평등이 일상의 시간 경험 속에서 어떻게 재생산되고 강화되는지를 보여주는 중요한 지표라고 할 수 있다. 따라서 시간 불평등에 대한 연구와 정책적 관심은 앞으로 더욱 확대되어야 할 것이다.

| 2 | 노동 시간, 여가 시간, 그리고 삶의 질

노동 시간과 여가 시간의 배분, 그리고 이들이 삶의 질에 미치는 영향은 현대 사회의 불평등 구조를 심층적으로 이해하는 데 있어 간과할 수 없는 중요한 측면이다. 전통적인 경제학적 관점에서는 노동과 여가의 선택을 개인의 선호에 따른 합리적 결정으로 간주해왔다. 그러나 실제로 이러한 선택은 개인의 사회경제적 지위, 직업, 성별 등 다양한 구조적 요인에 의해 제약받는다. 이러한 맥락에서 노동 시간과 여가 시간의 불균형은 단순한 개인의 선택을 넘어 사회적 불평등의 중요한 지표이자 원인으로 작용한다.

한국 사회의 맥락에서 이 문제는 특히 중요하다. OECD 국가들 중 한국의 노동 시간은 여전히 최상위권을 유지하고 있으며, 이는 여가 시간의 부족으로 이어진다. 2021년 기준 한국의 연간 노동 시간은 1,915시간으로, OECD 평균인 1,716시간을 크게 상회한다(OCED, 2022). 이러한 장시간 노동은 개인의 삶의 질을 저하시키는 주요 원인이 되고 있다.

노동 시간의 과도한 연장은 여러 가지 부정적 결과를 초래한다. 먼저 신체적 · 정신적 건강에 악영향을 미친다. 장시간 노동은 만성 피로, 스트레스, 우울증 등의 건강 문제를 유발할 수 있다. 또한 일-가정 양립을 어렵게 만든다. 특히 여성의 경우, 장시간 노동과 가사 및 육아 부담의 이중고에 시달리게 된다. 그리고 자기 계발이나 여가 활동에 투자할 시간이 부족해짐으로써 개인의 삶의 질이 전반적으로 저하된다.

그러나 이러한 노동 시간과 여가 시간의 배분은 모든 계층에 동일하게 나타나지 않는다. 고소득, 전문직 종사자들은 상대적으로 노동 시간에 대한 자율성이 높고, 여가 시간을 보다 효율적으로 활용할 수 있는 자원을 가지고 있다. 반면 저소득, 비정규직 노동자들은 장시간 노동에 시달리면서도 여가의 질은 낮은 경우가 많다. 이들의 여가는 단순히 노동으로 인한 피로를 회복하는 수준에 그치는 경우가 많으며, 자기 계발이나 문화 활동에 투자할 여력이 부족하다.

여가 시간의 질적 차이도 주목해야 할 부분이다. 단순히 노동하지 않는 시간이 많다고 해서 삶의 질이 높아지는 것은 아니다. 여가 시간을 어떻게 활용하느냐가 중요하다. 고소득층의 경우 여행, 문화 활동, 스포츠 등 다양하고 질 높은 여가 활동을 즐길 수 있는 데 반해 저소득층의 여가는 TV 시청 등 수동적이고 저비용의 활동에 편중되는 경향이 있다. 이러한 여가의 질적 차이는 장기적으로 개인의 삶의 만족도와 사회적 자본 형성에 영향을 미친다.

노동 시간과 여가 시간의 불균형은 세대 간 불평등 재생산의 메커니즘으로도 작용한다. 부모의 장시간 노동은 자녀와 함께 보내는 시간을 감소시키며, 이는 자녀의 교육과 정서적 발달에 부정적인 영향을 미칠 수 있다. 특히 맞벌이 가정의 경우 이러한 문제가 더욱 심각하게 나타난다. 그러나 시간적 여유가 있는 부모들은 자녀의 교육에 더 많은 시간과 자원을 투자할 수 있으며 이는 결과적으로 교육 불평등으로 이어진다.

이러한 노동 시간과 여가 시간의 불균형을 해소하기 위해서는 다각도의 정책적 접근이 필요하다. 우선 노동 시간 단축을 위한 제도적 노력이 지속되어야 한다. 52시간 근무제의 정착과 함께 유연근무제, 재택근무 등 다양한 근무 형태의 도입을 통해 개인의 시간 사용의 자율성을 높여야 한다. 이와 함께 여가의 질을 높이기 위한 사회적 인프라 구축도 중요하다. 공공 도서관, 체육 시설, 문화 센터 등의 확충을 통해 저비용으로 질 높은 여가를 즐길 수 있는 환경을 조성해야 한다.

더불어 노동 시간과 여가 시간에 대한 사회적 인식의 변화도 필요하다. 장시간 노동을 미덕으로 여기는 문화에서 벗어나, 일과 삶의 균형을 중시하는 가치관을 확산시켜야 한다. 기업 문화의 변화도 중요하다. 생산성과 효율성을 높이면서도 노동자의 삶의 질을 보장할 수 있는 근무 환경을 조성하는 것이 기업의 장기적 경쟁력을 높이는 길이라는 인식이 확산되어야 한다.

이처럼 노동 시간과 여가 시간의 배분, 그리고 이들이 삶의 질에 미치는 영향은 현대 사회의 불평등을 이해하는 데 핵심적인 요소다. 이는 단순히 개인의 선택의 문제가 아니라 사회 구조적 불평등이 반영된 결과물이며, 동시에 불평등을 재생산하는 메커니즘으로 작용한다. 따라서 이 문제에 대한 정책적, 사회적 관심과 개입은 불평등 해소를 위한 중요한 과제라고 할 수 있다.

| 3 | 시간의 재분배를 위한 사회적 대안

시간 불평등 문제를 해결하기 위해서는 단순히 개인의 시간 관리 능력을 향상시키는 것만으로는 불충분하다. 이는 사회 구조적 차원의 접근이 필요한 문제로, 시간의 재분배를 위한 전면적인 사회적 대안이 요구된다. 이러한 대안은 노동 시장의 구조, 복지 정책, 도시 계획, 그리고 사회적 가치관의 변화 등 다양한 영역을 아우르는 종합적인 접근이어야 한다.

우선 노동 시장 구조의 개혁이 필요하다. 현재의 노동 시장은 정규직과 비정규직, 대기업과 중소기업 간의 격차가 크며, 이는 노동 시간과 여가 시간의 불균형으로 이어진다. 이를 해소하기 위해서는 동일 노동 동일 임금 원칙의 철저한 적용, 비정규직의 정규직 전환 확대, 중소기업 근로 조건 개선 등의 정책이 필요하다. 또한, 유연근무제, 탄력근무제 등 다양한 근무 형태를 확대하여 개인의 상황에 맞는 시간 사용이 가능하도록 해야 한다.

둘째, 돌봄 노동에 대한 사회적 인식과 지원 체계의 변화가 필요하다. 현재 돌봄 노동의 대부분은 가정, 특히 여성에게 전가되고 있으며, 이는 성별 간 시간 사용의 불평등을 초래한다. 이를 해소하기 위해서는 공공 보육 서비스의 확대, 남성의 육아 참여 촉진을 위한 제도적 지원(예: 아빠 육아휴직 할당제), 그리고 노인 돌봄을 위한 사회적 인프라 확충 등이 필요하다. 이를 통해 돌봄 노동의 사회화를 촉진하고, 개인, 특히 여성의 시간 부담을 줄여야 한다.

셋째, 도시 계획과 교통 정책의 개선이 필요하다. 대도시 중심의 발전 전략은 장거리 통근 시간을 증가시키며, 이는 개인의 가용 시간을 크게 제한한다. 따라서 직주근접 원칙에 기반한 도시 계획, 대중교통 시스템의 개선, 스마트 워크 센터의 확대 등을 통해 이동 시간을 줄이고 시간 사용의 효율성을 높여야 한다. 특히 저소득층이 집중된 도시 외곽 지역의 교통 인프라 개선은 시간 불평등 해소에 중요한 역할을 할 것이다.

넷째, 여가의 질을 높이기 위한 사회적 인프라 구축이 필요하다. 단순히 노동 시간을 줄이는 것만으로는 충분하지 않으며, 여가 시간을 의미 있게 활용할 수 있는 환경을 조성해야 한다. 이를 위해 공공 도서관, 문화 센터, 체육 시설 등의 확충과 함께, 이들 시설의 접근성을 높이는 것이 중요하다. 또한 저소득층을 위한 문화바우처 확대, 평생교육 프로그램 강화 등을 통해 여가의 질적 격차를 줄여나가야 한다.

다섯째, 시간 사용에 대한 사회적 인식의 변화가 필요하다. 장시간 노동을 미덕으로 여기는 문화에서 벗어나 일과 삶의 균형을 중시하는 가치관을 확산시켜야 한다. 이를 위해서는 교육 과정에서부터 시간의 가치와 균형 잡힌 시간 사용의 중요성을 강조해야 한다. 기업 문화의 변화도 중요하다. 야근이나 주말 근무를 당연시하는 문화에서 벗어나, 효율적인 시간 사용을 통해 생산성을 높이는 방식으로의 전환이 필요하다.

마지막으로, 정책 결정 과정에서 '시간 영향 평가'를 도입할 필요가 있다. 새로운 정책이나 법안이 시민들의 시간 사용에 어떤 영향을 미칠지를 사전에 평가하고, 이를 정책 결정에 반영하는 것이다. 이를 통해 정책이 의도치 않게 특정 계층의 시간 압박을 가중시키는 일을 방지할 수 있을 것이다.

이러한 다각도의 접근을 통해 시간의 재분배를 실현한다면, 우리 사회의 불평등 문제를 완화하고 모든 구성원의 삶의 질을 향상시킬 수 있을 것이다. 시간 불평등 해소는 단순히 개인의 행복 증진을 위한 것만이 아니다. 이는 사회의 지속가능성과 통합성을 높이는 중요한 과제다. 따라서 이에 대한 사회적 관심과 정책적 노력이 지속되어야 할 것이다.

8장

지속 가능한 민주주의를 위한 불평등 해소

8장

지속 가능한 민주주의를 위한 불평등 해소

| 1 | 불평등 해소를 위한 정치적 과제

불평등 문제는 현대 민주주의가 직면한 가장 중대한 도전 과제 중 하나이다. 경제적 격차를 넘어 정치적 권력과 영향력의 불균형으로 이어지는 불평등은 민주주의의 근간을 위협한다. 달(Dahl)이 지적했듯이, 정치적 평등은 민주주의의 핵심 기준이다. 그러나 심화되는 불평등은 이러한 정치적 평등의 원칙을 훼손하고, 민주주의의 질적 저하를 초래한다.

정치적 대표성 강화와 참여 촉진은 불평등 해소를 위한 첫 번째 과제다. 길렌스와 페이지(Gilens and Page)의 연구에 따르면, 미국의 정책 결정은 경제 엘리트와 조직된 이익집단의 선호를 더 많이 반영하는 경향이 있다. 이는 경제적 불평등이 정치적 불평등으로 이어지는 현상을 잘 보여준다. 한국의 맥락에서도 이러한 현상이 관찰된다. 최태욱(2016)의 연구는 한국 국회의원들이 지역구의 이해관계나 자신이 속한 정당의 이익을 우선시하는 경향이 있음을 보여준다.

이러한 문제를 해결하기 위해서는 선거 제도의 개혁, 정치 자금의 투명성 강화, 그리고 다양한 사회 계층의 정치 참여를 촉진하는 제도적 장치가 필요하다. 예를 들어 비례대표제의 확대나 선거 공영제의 강화는 정치적 대표성을 높이는 데 기여할 수 있다. 또한 시민들의 정치 참여를 독려하기 위한 제도적 노력도 중요하다. 온라인 플랫폼을 활용한 정책 제안 및 토론 시스템, 주민참여예산제의 확대 등은 시민들의 정치적 영향력을 높이는 데 도움이 될 수 있다.

공정한 경제 정책과 소득 재분배는 불평등 해소를 위한 두 번째 중요한 과제다. 피케티(Piketty)가 지적했듯이, 자본수익률이 경제성장률을 상회하는 현상은 부의 집중을 가속화한다. 이러한 구조적 불평등을 해소하기 위해서는 적극적인 재분배 정책이 필요하다. 누진세 강화, 상속세 개편, 그리고 보편적 복지 제도의 확충 등이 여기에 해당한다. 특히 한국의 맥락에서는 노동시장의 이중구조 해소, 대기업과 중소기업 간 격차 해소 등이 중요한 과제로 대두된다.

법과 제도의 공정성 확보는 세 번째 과제다. 불평등 해소를 위해서는 모든 시민이 법 앞에 평등하다는 원칙이 실질적으로 구현되어야 한다. 이를 위해 사법제도의 독립성 강화, 법 집행의 공정성 제고, 그리고 사회적 약자를 위한 법적 보호 장치 마련 등이 필요하다. 특히 한국 사회에서 문제가 되고 있는 재벌 총수의 특별사면, 화이트칼라 범죄에 대한 관대한 처벌 등의 문제를 해결하기 위한 제도적 개선이 시급하다.

불평등 해소를 위한 이러한 정치적 과제들은 단기간에 해결될 수 있는 문제가 아니다. 이는 지속적인 사회적 합의와 정치적 의지, 그리고 시민사회의 적극적인 참여를 필요로 한다. 또한 이러한 노력은 단순히 국내적 차원에 그치지 않고, 글로벌 차원의 불평등 해소 노력과도 연계되어야 한다. 불평등 문제는 현대 민주주의의 지속가능성을 위협하는 가장 중대한 도전 중 하나이다. 따라서 이를 해결하기 위한 정치적 노력은 우리 시대의 가장 중요한 과제라고 할 수 있다.

| 2 | 민주주의의 회복과 재구성

민주주의의 회복과 재구성은 불평등 해소를 위한 정치적 과제와 밀접하게 연관되어 있다. 불평등이 심화될수록 민주주의의 근간이 흔들리며, 이는 다시 불평등을 심화시키는 악순환을 낳는다. 따라서 민주주의를 실질적으로 구현하고 강화하는 것은 불평등 해소를 위한 필수적 과제라고 할 수 있다.

민주주의 회복의 첫 번째 과제는 시민 교육의 강화와 정치적 역량 제고다. 현대 민주주의가 직면한 복잡한 문제들을 해결하기 위해서는 시민들의 높은 정치적 이해도와 참여가 필수적이다. 그러나 한국의 현실을 보면 정치적 무관심과 냉소주의가 만연해 있으며, 이는 결과적으로 정치적 대표성의 왜곡으로 이어지고 있다. 이를 극복하기 위해서는 학교 교육에서부터 민주시민교육을 강화하고 성인을 대상으로 한평생 정치교육 프로그램을 확대해야 한다.

특히 주목해야 할 점은 디지털 시대의 시민성 함양이다. 카스텔스(Castells)가 지적했듯이, 네트워크 사회에서 정보와 지식은 권력의 핵심 자원이 된다. 따라서 디지털 리터러시 교육을 통해 시민들이 온라인 공간에서 정보를 비판적으로 분석하고 효과적으로 소통할 수 있는 능력을 키우는 것이 중요하다.

두 번째 과제는 정보의 민주화와 언론의 독립성 강화다. 하버마스(Habermas)의 공론장 이론이 제시하듯, 건전한 민주주의는 자유롭고 합리적인 의사소통을 통해 형성된다. 그러나 현실에서는 가짜뉴스의 범람, 언론의 정파성 강화 등으로 인해 공론장이 왜곡되고 있다. 이를 해결하기 위해서는 언론의 독립성을 보장하는 제도적 장치를 마련하고, 공영방송의 지배구조를 개선하여 정치적 중립성을 확보해야 한다. 또한 팩트체크 시스템을 강화하고, 미디어 리터러시 교육을 확대하여 시민들이 정보를 비판적으로 수용할 수 있는 능력을 키워야 한다.

세 번째 과제는 숙의 민주주의의 실현이다. 피시킨(Fishkin)이 주장한 바와 같이, 복잡한 현대 사회의 문제들을 해결하기 위해서는 시민들의 심층적인 토론과 숙의 과정이 필요하다. 한국에서도 최근 '신고리 5,6호기 공론화 위원회' 사례에서 볼 수 있듯이, 중요한 사회적 의제에 대해 시민들이 직접 참여하여 토론하고 결정하는 과정이 시도되고 있다. 이러한 숙의 민주주의적 요소를 더욱 확대하여 주요 정책 결정 과정에 시민들의 실질적인 참여를 보장해야 한다.

마지막으로, 지방 분권과 풀뿌리 민주주의의 강화가 필요하다. 퍼트넘(Putnam)의 연구가 보여주듯, 지역 사회의 활발한 시민 참여는 사회적 자본을 증진시키고 민주주의의 질을 높인다. 한국의 맥락에서 이는 더욱 중요한 의미를 갖는다. 중앙집권적 정치 구조에서 벗어나 지방정부의 권한과 책임을 강화하고, 주민자치제도를 실질화하여 시민들이 일상적으로 정치에 참여할 수 있는 기회를 확대해야 한다.

이러한 노력들은 단순히 민주주의의 형식적 제도를 개선하는 데 그치지 않고, 시민들의 일상 속에서 민주주의가 실질적으로 구현되도록 하는 데 초점을 맞춰야 한다. 민주주의의 회복과 재구성은 불평등 해소를 위한 필수적 과정이며, 동시에 그 자체로 우리 사회의 지속가능성을 위한 핵심 과제이다. 이는 단기간에 이루어질 수 있는 일이 아니며, 정부, 시민사회, 그리고 모든 시민들의 지속적인 노력과 참여가 필요한 장기적 과제이다.

| 3 | 포용적 사회를 향한 구조적 개혁

불평등 해소와 민주주의 강화를 위한 노력은 궁극적으로 모든 구성원이 존엄성을 인정받고 공정한 기회를 누릴 수 있는 포용적 사회를 지향해야 한다. 이를 위해서는 사회의 근본적인 구조를 재편하는 개혁이 필요하다. 이 절에서는 포용적 사회를 실현하기 위한 핵심적인 구조적 개혁 과제들을 살펴보자.

첫째, 노동시장의 이중구조 해소가 시급하다. 한국 사회의 불평등 심화는 상당 부분 노동시장의 분절화에서 기인한다. 정규직과 비정규직, 대기업과 중소기업 간의 격차는 단순한 임금 차이를 넘어 고용 안정성, 사회보험 혜택, 교육 기회 등 전반적인 삶의 질 차이로 이어진다. 이러한 문제를 해결하기 위해서는 '동일노동 동일임금' 원칙의 실질적 적용, 비정규직의 정규직 전환 확대, 원청 · 하청 관계의 개선 등이 필요하다. 또한 아마티아 센(Amartya Sen)이 주장한 '역량 접근법'의 관점에서, 노동자들의 기술 향상과 재교육을 위한 사회적 투자를 확대해야 한다(Sen, 1999).

둘째, 교육 기회의 실질적 평등 보장이 필요하다. 부르디외(Bourdieu)가 지적했듯이, 교육은 사회적 불평등을 재생산하는 주요 메커니즘으로 작용할 수 있다. 한국의 맥락에서 이는 특히 중요한 의미를 갖는다. 과도한 사교육비 지출, 대학 서열화, 학벌주의 등은 교육을 통한 계층 이동을 어렵게 만들고 있다. 이를 해결하기 위해서는 공교육의 질적 향상, 대학 입시 제도의 개혁, 평생교육 체계의 강화 등이 필요하다. 특히 취약계층 학생들을 위한 맞춤형 교육 지원 프로그램을 확대하여 교육 기회의 실질적 평등을 보장해야 한다.

셋째, 복지 체계의 보편성과 충분성을 강화해야 한다. 에스핑-안데르센(Esping-Andersen)의 복지국가 유형론에 비추어 볼 때, 한국의 복지체계는 여전히 잔여적 성격이 강하다. 이는 빈곤층에 대한 기초적인 지원에 그치는 경우가 많아 중산층의 몰락을 막지 못하고 있다. 따라서 기본소득과 같은 보편적 복지 제도의 도입을 검토하고, 건강보험, 국민연금 등 기존 사회보험의 보장성을 강화해야 할 필요가 있다. 또한 돌봄 서비스의 공공성을 높여 여성의 경제활동 참여를 지원하고, 일-가정 양립이 가능한 사회를 만들어야 한다.

넷째, 주거 정의 실현을 위한 정책적 노력이 필요하다. 최근 한국 사회에서 부동산 가격 급등으로 인한 자산 불평등 심화는 심각한 사회문제로 대두되고 있다. 이는 단순한 경제적 문제를 넘어 세대 간 갈등, 지역 간 격차 등 다양한 사회적 갈등의 원인이 되고 있다. 이를 해결하기 위해서는 공공임대주택 확대, 부동산 투기 억제를 위한 조세 정책 강화, 주거복지 정책의 확대 등 종합적인 접근이 필요하다.

마지막으로, 기후 위기에 대응하는 지속가능한 발전 모델의 구축이 시급하다. 울리히 벡(Ulrich Beck)이 '위험사회' 개념을 통해 지적했듯이, 현대 사회의 환경 위험은 새로운 형태의 불평등을 야기한다(Beck, 1992). 기후변화로 인한 피해는 사회적 약자에게 더 큰 영향을 미치며 이는 기존의 불평등을 더욱 심화시킬 수 있다. 따라서 친환경 에너지로의 전환, 순환경제 체제 구축, 그린 뉴딜 정책 등을 통해 환경적으로 지속가능하면서도 사회적으로 공정한 발전 모델을 만들어나가야 한다.

이러한 구조적 개혁은 단기간에 이루어질 수 없으며 사회 전반의 합의와 지속적인 노력이 필요하다. 또한 이 과정에서 발생할 수 있는 기득권층의 저항, 세대 간 갈등, 재정적 부담 등의 문제를 해결하기 위한 정교한 정책 설계와 사회적 대화가 필수적이다. 그러나 이러한 개혁 없이는 불평등 해소와 진정한 민주주의의 실현, 그리고 지속가능한 발전이 불가능하다는 점을 인식해야 한다. 포용적 사회를 향한 구조적 개혁은 우리 시대의 가장 중요한 과제이며, 이를 통해 우리는 보다 공정하고 지속가능한 미래를 만들어갈 수 있을 것이다.

| 4 | 불평등 해소를 위한 종합적 접근과 미래 전망

불평등 해소를 위한 정치적 과제, 민주주의의 회복과 재구성, 그리고 포용적 사회를 향한 구조적 개혁은 상호 연관된 과제들이다. 이 마지막 절에서는 이러한 노력들을 종합하고, 불평등 해소를 위한 총체적 접근 방식을 제시하며, 미래 사회의 전망을 논해보자.

불평등 문제는 단일 차원의 접근으로는 해결할 수 없는 복합적인 성격을 지닌다. 찰스 틸리(Charles Tilly)가 지적했듯이, 불평등은 '지속적인 범주적 쌍'을 통해 제도화되고 강화된다(Tilly, 1998). 따라서 불평등 해소를 위해서는 경제, 정치, 사회, 문화 등 다양한 영역에서의 동시적이고 유기적인 변화가 필요하다.

첫째, 다차원적 불평등 지표의 개발과 활용이 중요하다. 기존의 소득 중심 불평등 측정 방식을 넘어 자산, 교육, 건강, 주거, 환경 등 다양한 차원의 불평등을 종합적으로 측정하고 평가할 수 있는 지표 체계가 필요하다. 국제연합개발계획(UNDP)의 다차원 빈곤 지수(Multidimensional Poverty Index)와 같은 접근을 한국의 맥락에 맞게 발전시켜 불평등의 다면적 성격을 포착하고 정책적 대응의 기초로 삼아야 한다.

둘째, 기술 혁신과 불평등의 관계에 주목해야 한다. 제4차 산업혁명으로 대변되는 기술 변화는 불평등에 양면적 영향을 미칠 수 있다. 한편으로는 새로운 형태의 불평등을 야기할 수 있지만, 다른 한편으로는 불평등 해소를 위한 혁신적 도구가 될 수도 있다. 인공지능과 빅데이터 기술을 활용하여 사회 서비스의 효율성과 접근성을 높이거나, 블록체인 기술을 통해 금융 포용성을 증진시키는 등의 방안을 모색해야 한다. 동시에 기술 발전이 초래할 수 있는 노동시장의 양극화, 디지털 격차 등의 문제에 선제적으로 대응해야 한다.

셋째, 세대 간 공정성과 지속가능성에 대한 고려가 필요하다. 현재의 불평등 문제는 미래 세대에게 더 큰 부담으로 작용할 수 있다. 기후변화 문제는 현 세대의 행동이 미래 세대의 삶의 질에 직접적인 영향을 미치는 대표적인 사례다. 따라서 불평등 해소 정책을 수립할 때는 단기적 효과뿐만 아니라 장기적이고 세대 간 영향을 고려해야 한다. 이는 토마스 피케티(Thomas Piketty)가 제안한 '사회적 자본주의' 개념과도 연결되는데, 자본의 집중을 완화하고 모든 시민에게 기본 자본을 제공함으로써 불평등의 세대 간 전이를 막는 방안을 고려해볼 수 있다.

넷째, 글로벌 차원의 불평등 해소 노력과의 연계가 필요하다. 브랜코 밀라노비치(Branko Milanovic)가 지적했듯이, 세계화 시대의 불평등은 국가 내 불평등과 국가 간 불평등이 복잡하게 얽혀 있다(Milanovic, 2016). 따라서 국내적 차원의 불평등 해소 노력은 글로벌 차원의 노력과 연계되어야 한다. 다국적 기업의 조세 회피 문제 해결을 위한 국제 협력, 개발도상국의 지속가능한 발전을 위한 지원, 글로벌 공공재의 공동 관리 등이 이에 해당한다.

마지막으로, 불평등 해소를 위한 새로운 사회계약의 필요성을 강조하고 싶다. 현재의 불평등 심화는 기존 사회계약의 한계를 보여주는 것이며, 이는 새로운 형태의 사회적 합의를 요구한다. 이 새로운 사회계약은 단순히 경제적 재분배를 넘어 정치적 참여의 확대, 사회적 연대의 강화, 생태적 지속가능성의 보장 등을 포함해야 한다. 이는 낸시 프레이저(Nancy Fraser)가 제시한 '인지(recognition)', '재분배(redistribution)', '대표(representation)'의

세 가지 차원을 모두 고려한 정의 개념과 맥락을 같이 한다(Fraser, 2008).

불평등 해소를 위한 이러한 종합적 접근은 단기간에 성과를 내기 어려울 것이다. 그러나 이는 우리 사회의 지속가능성과 민주주의의 질을 높이기 위한 필수적인 과정이다. 불평등 해소는 단순히 도덕적 당위의 문제가 아니라, 사회의 안정과 발전을 위한 실천적 과제이다. 이를 위해서는 정부, 시민사회, 기업, 학계 등 다양한 주체들의 협력과 지속적인 노력이 필요할 것이다.

우리는 지금 중대한 전환점에 서 있다. 불평등 심화로 인한 사회적 갈등과 민주주의의 위기, 그리고 기후변화와 같은 글로벌 위험은 우리에게 근본적인 변화를 요구하고 있다. 그러나 동시에 우리는 기술 혁신, 시민 의식의 성장, 국제 협력의 가능성 등 새로운 기회도 마주하고 있다. 이러한 도전과 기회 속에서 우리가 어떤 선택을 하고 어떤 노력을 기울이느냐에 따라 우리의 미래는 크게 달라질 것이다. 불평등 해소를 위한 종합적 노력은 바로 이 선택의 핵심에 있으며, 이는 우리가 더 나은 미래를 만들어가기 위한 첫걸음이 될 것이다.

| 참고문헌 |

강원택. 2005. “한국의 이념 갈등과 진보 · 보수의 경계.” 『한국정당학회보』 4권. 2호, 193-217.

_____. 2013a. 『한국 선거정치의 변화와 지속: 이념, 이슈, 캠페인과 투표행태』. 파주: 나남.

_____. 2013b. “한국 선거에서의 ‘계급 배반 투표’와 사회 계층.” 『한국정당학회보』 12권. 3호, 5-28.

_____. 2016. “쟁점 부재의 선거에서의 투표 선택: 2016년 국회의원 선거를 중심으로.” 『한국정치연구』 25권. 3호, 109-133.

교육부. 2023a. 『2023년 교육기본통계』. 서울: 교육부.

_____. 2023b. 『지역혁신성장 선도대학 육성사업 성과보고서』. 세종: 교육부.

국토교통부. 2023. 『2023년 국가균형발전 프로젝트 추진 현황』. 세종: 국토교통부.

국회예산정책처. 2023. 『2023년 지방자치단체 재정분석』. 서울: 국회예산정책처.

기획재정부. 2023. 『2023년 지역특화산업육성사업 추진 계획』. 세종: 기획재정부.

김동춘. 2013. “시민권과 시민성: 국가, 민족, 가족을 넘어서: 국가, 민족, 가족을 넘어서.” 『서강인문논총』 37권. 5-46.

김은경. 2022. “부(富)의 불평등과 투표참여: 제21대 국회의원선거 서울시 행정동 단위 분석.” 『의정연구』 28권. 3호, 185-210.

김정희. 2016. “주민참여예산제 운영의 참여성과 심의성 연구: 서울, 부산, 대구 3개 광역도시를 중심으로.” 『한국지방자치학회보』 28권. 1호, 77-104.

김진구. 2012. “소득계층에 따른 노인들의 건강 불평등 측정.” 『Journal of the Korean Gerontological Society』 32권. 3호, 759-776.

김형준. 2015. “사회 갈등 해결을 위한 국회의 역할과 과제-‘국회 내 정당 양극화’

해소를 중심으로.”『대한정치학회보』23권. 1호, 71-97.
노정호 · 김영순. 2017. “한국인의 복지 태도와 정당 지지: 제20대 국회의원 선거를 중심으로.”『동서연구』29권. 2호, 167-196.
대한민국 국회. 2023a.『제22대 국회의원선거 선거구획정 관련 보고서』. 서울: 국회사무처.
____________. 2023b.『수도권정비계획법 개정안 검토보고서』. 서울: 국회사무처.
문화체육관광부. 2023a.『2023 전국 문화기반시설 총람』. 세종: 문화체육관광부.
_____________. 2023b.『지역문화진흥법 개정안 시행 결과 분석』. 세종: 문화체육관광부.
박원호 · 송정민. 2012. "정당은 유권자에게 얼마나 유의미한가?: 한국의 무당파층과 국회의원 총선거."『한국정치연구』21권. 2호, 115-143.
산업통상자원부. 2023.『2023년 지역산업 육성 정책 추진 현황』. 세종: 산업통상자원부.
서우석 · 이주희 · 이재열 · 한경혜 · 신인철 · 김종호 · 권현지. 2017. “[통계개발원] 한국의 사회동향 2017.”『국립중앙도서관 연계자료』12권, 0-0.
손낙구. 2010. “부동산 격차와 교육격차.”『문화과학』63권, 66-86.
오수진 · 박상훈 · 이재묵. 2017. “유권자의 계급배반과 정치지식: 제 20대 총선에서 나타난 투표행태를 중심으로.”『한국정치학회보』51권. 1호, 153-180.
이갑윤. 2011.『한국인의 투표행태』. 서울: 후마니타스.
이내영 · 정한울. 2013. “세대균열의 구성 요소: 코호트 효과와 연령 효과.”『의정연구』40권, 37-83.
이삼식. 2016. “결혼 · 출산 행태 변화와 저출산 대책의 패러다임 전환.”『보건복지포럼』2016권. 1호, 39-52.
이소영. 2013. “2012 한국 여성 유권자의 정치적 정향과 투표행태.”『한국정치학회보』47권. 5호, 255-276.
_____. 2019. “지방자치에서의 주민참여 현황과 문제점-대구의 사례를 중심으

로.” 『21세기정치학회보』 29권. 1호, 69-100.
이지은 · 강원택. 2020. “계급 투표의 재구성: 자산과 소득의 연계를 중심으로.” 『한국정치연구』 29권. 3호, 123-154.
이철희. 2018. “저출산 · 고령화 대응 정책의 방향: 인구정책적 관점.” 『보건복지포럼』 261권, 50-64.
장덕진. 2011. “트위터 공간의 한국 정치-정치인 네트워크와 유권자 네트워크.” *Journal of Communication Research* 48권. 2호, 80-107.
정한울. 2013. “정당 태도갈등이 투표행위 변동에 미치는 영향: 18대 총선 및 19대 총선 패널조사 (KEPS) 데이터 분석을 중심으로.” 『한국정당학회보』 12권. 1호, 243-277.
중앙선거관리위원회. 2022a. 『제20대 대통령선거 투표율 분석』. 서울: 중앙선거관리위원회.
________________. 2022b. 『제8회 전국동시지방선거 투표율 분석』. 과천: 중앙선거관리위원회.
최슬기 · 이윤석 · 김석호. 2019. “세대별로 투표하는 정당이나 후보는 달라지는가?” 『한국사회』 20권. 2호, 103-130.
최종호. 2020. “소득, 주택소유 그리고 투표선택: 19대 대선의 사례.” 『비교민주주의연구』 16권. 1호, 189-222.
최태욱. 2016a. “정당정치의 실종과 대의제 민주주의의 위기: 한국의 정당정치와 권력구조 개혁방향.” 『한국사회학회 심포지움 논문집』, 137-146.
통계청. 2023a. 『2023년 지역별 고용조사』. 서울: 통계청.
______. 2023b. 『2023년 인구주택총조사』. 서울: 통계청.
한국개발연구원. 2022. 『지역 간 소득 격차와 사회이동성 연구』. 세종: 한국개발연구원.
한국고용정보원. 2022. 『2022년 대졸자 직업이동 경로조사』. 음성: 한국고용정보원.
한국교육개발원. 2023. 『2023년 온라인 공동교육 과정 시범운영 결과 보고서』.

진천: 한국교육개발원.

한국지방행정연구원. 2023. 『지방분권 강화를 위한 정책 연구』. 원주: 한국지방행정연구원.

한국청년정책연구원. 2022. 『청년의 지역 이동 의향 조사』. 서울: 한국청년정책연구원.

한국행정연구원. 2022. 『지방의회 의원 구성 현황 분석』. 서울: 한국행정연구원.

행정안전부. 2023a. 『2023년도 지방자치단체 재정자립도 현황』. 서울: 행정안전부.

________. 2023b. 『2023년 지방재정 현황』. 세종: 행정안전부.

________. 2023c. 『2단계 공공기관 이전 계획 추진 현황』. 세종: 행정안전부.

Acemoglu, D., Autor, D., Dorn, D., Hanson, G. H., & Price, B. 2021. "Import competition and the great US employment sag of the 2000s." *Journal of Labor Economics*. Vol. 34, No. S1, S141-S198.

Alesina, A., & La Ferrara, E. 2000. "Participation in heterogeneous communities." *The Quarterly Journal of Economics*. Vol. 115, No. 3, 847-904.

Alford, R. R. 1963. *Party and society: The Anglo-American democracies*. Chicago: Rand McNally.

Bartels, L. M. 2008. *Unequal Democracy: The Political Economy of the New Gilded Age*. Princeton: Princeton University Press.

Beck, U. 1992. *Risk Society: Towards a New Modernity*. London: Sage Publications.

Bourdieu, P. 1977. *Education, Society and Culture*. London: Sage Publications.

Campbell, A., Gurin, G., & Miller, W. E. 1954. *The voter decides*. Evanston: Row, Peterson, and Co.

Castells, M. 2009. Communication Power. Oxford: Oxford University Press.

Dahl, R. A. 1956. *A preface to democratic theory* (Vol. 10). Chicago: University of Chicago Press.

_________. 1989. *Democracy and its Critics*. New Haven: Yale University Press.

Dalton, R. J. 1996. *Citizen politics: Public opinion and political parties in advanced industrial democracies*. Chatham: Chatham House Publishers.

Delli Carpini, M. X., Cook, F. L., & Jacobs, L. R. 2004. "Public deliberation, discursive participation, and citizen engagement: A review of the empirical literature." *Annual Review of Political Science*. Vol. 7, 315-344.

Esping-Andersen, G. 1990. *The Three Worlds of Welfare Capitalism*. Princeton: Princeton University Press.

_________________. 2009. *Incomplete Revolution: Adapting Welfare States to Women's New Roles*. Cambridge: Polity.

Fiorina, M. P. 1981. *Retrospective Voting in American National Elections*. New Haven: Yale University Press.

Fishkin, J. S. 2009. *When the People Speak: Deliberative Democracy and Public Consultation*. Oxford: Oxford University Press.

Fraser, N. 2008. *Scales of Justice: Reimagining Political Space in a Globalizing World*. New York: Columbia University Press.

Fung, A. 2006. "Varieties of participation in complex governance." *Public Administration Review*. Vol. 66, No. s1, 66-75.

Gilens, M. 2012. *Affluence and Influence: Economic Inequality and Political Power in America*. Princeton: Princeton University Press.

Gilens, M., & Page, B. I. 2014. "Testing theories of American politics: Elites, interest groups, and average citizens." *Perspectives on politics*. Vol. 12,

No. 3, 564-581.

Gimpelson, V., & Treisman, D. 2018. "Misperceiving inequality." *Economics & Politics*. Vol. 30, No. 1, 27-54.

Habermas, J. 1989. *The Structural Transformation of the Public Sphere*. Cambridge: MIT Press.

__________. 1996. *Between Facts and Norms: Contributions to a Discourse Theory of Law and Democracy*. Cambridge: MIT Press.

Hacker, J. S., & Pierson, P. 2010. *Winner-Take-All Politics: How Washington Made the Rich Richer-and Turned Its Back on the Middle Class*. New York: Simon & Schuster.

Inglehart, R. 1977. *The silent revolution: Changing values and political styles among Western publics*. Princeton: Princeton University Press.

Kitschelt, H. 1994. *The transformation of European social democracy*. Cambridge: Cambridge University Press.

Lipset, S. M., & Rokkan, S. 1967. *Party systems and voter alignments: Cross-national perspectives*. New York: Free Press.

Meltzer, A. H., & Richard, S. F. 1981. "A rational theory of the size of government." *Journal of Political Economy*. Vol. 89, No. 5, 914-927.

Milanovic, B. 2016. *Global Inequality: A New Approach for the Age of Globalization*. Cambridge: Harvard University Press.

OECD. 2022. Hours worked (indicator). doi: 10.1787/47be1c78-en (Accessed on 20 September 2023)

Piketty, T. 2014. *Capital in the Twenty-First Century*. Cambridge: Harvard University Press.

________. 2018. "Brahmin left vs merchant right: Rising inequality and the changing structure of political conflict (evidence from France, Britain and the US, 1948-2017)." *WID.world Working Paper*. No. 7.

Piketty, T. 2020. *Capital and Ideology*. Cambridge: Harvard University Press.

Pitkin, H. F. 1967. *The Concept of Representation*. Berkeley: University of California Press.

Prosser, C. 2016. "Dimensionality, ideology and party positions towards European integration." *West European Politics*. Vol. 39, No. 4, 731-754.

Putnam, R. D. 2000. *Bowling Alone: The Collapse and Revival of American Community*. New York: Simon & Schuster.

Rueda, D. 2018. "Food comes first, then morals: Redistribution preferences, parochial altruism, and immigration in Western Europe." *The Journal of Politics*. Vol. 80, No. 1, 225-239.

Schlozman, K. L., Verba, S., & Brady, H. E. 2012. *The Unheavenly Chorus: Unequal Political Voice and the Broken Promise of American Democracy*. Princeton: Princeton University Press.

Schraff, D. 2019. "Politically alienated through low-wage work? Evidence from panel data." *Swiss Political Science Review*. Vol. 25, No. 1, 19-39.

Sen, A. 1999. *Development as Freedom*. Oxford: Oxford University Press.

Tilly, C. 1998. *Durable Inequality*. Berkeley: University of California Press.

Verba, S., & Nie, N. H. 1972. *Participation in America: Political Democracy and Social Equality*. New York: Harper & Row.

Verba, S., Schlozman, K. L., & Brady, H. E. 1995. *Voice and Equality: Civic Voluntarism in American Politics*. Cambridge: Harvard University Press.